国学启智课

史事

余亚斐 —————— 编著

全国百佳图书出版单位
时代出版传媒股份有限公司
安徽人民出版社

图书在版编目(CIP)数据

国学启智课·史事 / 余亚斐编著. —合肥 :安徽人民出版社,2019.4

ISBN 978 - 7 - 212 - 10499 - 3

Ⅰ.①国… Ⅱ.①余… Ⅲ.①国学–青少年读物 Ⅳ.①Z126-49

中国版本图书馆 CIP 数据核字(2019)第 063230 号

国学启智课·史事

余亚斐 编著

出版统筹:徐佩和　　　　　　　　责任印制:董 亮

责任编辑:李 莉 肖 琴　　　　　装帧设计:宋文岚

出版发行:安徽人民出版社 http://www.ahpeople.com

　　　　　合肥市蜀山区翡翠路 1118 号出版传媒广场八楼

　　　　　邮编:230071

　　　　　营销部电话:0551-63533259　0551-63533257

印　　刷:合肥华云印务有限公司

开本:710mm×1010mm　　1/16　　印张:10　　字数:160 千

版次:2019 年 4 月第 1 版　　2024 年 6 月第 6 次印刷

ISBN 978 - 7 - 212 - 10499 - 3　　　定价:32.00 元

导读

习近平总书记说："博大精深的中华优秀传统文化是我们在世界文化激荡中站住脚跟的根基。"他还在文艺工作座谈会上提出"要结合新的时代条件传承和弘扬中华优秀传统文化"。开展国学教育是传承和弘扬中华优秀传统文化的重要途径。

国学的产生距离今天已经久远，时代变了，社会状况、思想文化要求以及人们的行为习惯也都发生了巨大变化。所以，今天的人们在面对浩如烟海的国学典籍时，经常面临着如何走进国学、鉴别国学和学习国学的难题。《国学启智课》这套书正是在反思、回应这些难题。作者从事国学教学、研究多年，深知国学学习的要点和难点，精心编写了此套简明易学、一看就懂的国学丛书，帮助读者深入经典、启发智慧、涵养性情、完善人格。

全文译注，扫清障碍。大多数的国学典籍由文言写成，文言所使用的字义基本是汉语的原初意义，随着时间的推移，汉字的意义在不断引申和延展，很多与现代汉语已经大相径庭。现代人读起古文来，自然会产生陌生感，又容易望文生义，做出错误的理解，所以，我们初学国学，需要借助一定的注释和翻译。《国学启智课》为每一篇古文配有译文，对古文中的难字都加上了拼音和注释,为读者走进国学扫清文字上的障碍。

回归经典,关照现实。中国历史悠久,每一个时期都产生大量的典籍,有些国学典籍中的思想内容可以跨越时空的距离,在今天仍然发挥着积极作用,还有一些则已经不再适用于当代社会生活,甚至相违背,所以,学习国学,需要以理性的态度对国学典籍加以鉴别和选择。《国学启智课》以国学经典为基点,以当代精神为视域,从国学经典中挑选出两百余篇古文,力图在回归经典的同时,关照现实,做到经世致用。

经史子集,多元开放。国学是丰富而多元的,既有经学的道德智慧、诸子的多元思想,还有厚重而不失趣味的历史记载、优美而动人心弦的诗词歌赋,国学正是在百家争鸣、百花齐放中散发着格外的魅力。由此,《国学启智课》根据传统典籍经、史、子、集四部分类法,将全书分为德行、史事、智慧和诗赋四卷,以开放多元的视角,全面展现国学的思想内容。

转识成智,身心和谐。国学是知识,更是智慧。学习国学,不仅仅是掌握古文的字义、熟读古代文献、了解历史常识,更应当在知识的学习中提升人生的修养与智慧。如果只做知识上的表面文章,学习国学便是舍本求末了,所以我们还需要努力地化知识为德性,化理论为智慧,让传统文化活在当下,服务现实的人生,促进身心和谐,达到人生的幸福。

目 录

第 一 课
轩辕黄帝

　　黄帝者,少典之子,姓公孙,名曰轩辕。生而神灵,弱而能言,幼而徇齐(敏捷聪慧。徇:音 xùn),长而敦敏,成而聪明。

　　轩辕之时,神农氏世衰。诸侯相侵伐,暴虐百姓,而神农氏弗能征。于是轩辕乃习用干戈(泛指武器,也比喻战争。干与戈,是古代常用的两种兵器),以征不享(上供,把祭品献给祖先、神明,或把珍品献给天子),诸侯咸(全,都)来宾从。而蚩(音 chī)尤最为暴,莫能伐。炎帝欲侵陵(通"凌",侵犯,欺侮)诸侯,诸侯咸归轩辕。轩辕乃修德振兵,治五气,艺五种,抚万民,度(测量,计算,音 duó)四方,教熊、罴(熊的一种,即棕熊,音 pí)、貔貅(古代传说中的一种猛兽。貔:音 pí。貅:音 xiū)、貙(古代传说中的一种似狸而大的猛兽,音 chū)、虎,以与炎帝战于阪(音 bǎn)泉之野。三战,然后得其志。蚩尤作乱,不用帝命。于是黄帝乃征(召集)师(军队)诸侯,与蚩尤战于涿(音 zhuō)鹿之野,遂禽(通"擒",捕捉)杀蚩尤。而诸侯咸尊轩辕为天子,代神农氏,是为黄帝。

译文

黄帝是少典的儿子，姓公孙，名轩辕。一出生，他就显示出与众不同的灵性，出生不久就会说话，幼年时机智敏锐，长大后诚恳勤奋，成年后见闻广博。

轩辕所处的时代，神农氏已经衰弱了。各诸侯互相攻战，残害百姓，神农氏没有力量讨伐他们。轩辕习兵练武，去征讨那些不来朝贡的诸侯，于是各诸侯都来归顺。不过，在各诸侯中，蚩尤最为凶暴，黄帝这时也不能战胜他。炎帝想欺压诸侯，诸侯都来归从轩辕。轩辕修行德业，整顿军旅，研究四时节气的变化，种植五谷，安抚民众，丈量四方的土地，训练熊、罴、貔貅、貙、虎等猛兽，跟炎帝在阪泉的郊野交战，先后打了好几仗，才得愿获胜。蚩尤发动叛乱，不愿归顺黄帝，于是黄帝召集各诸侯的军队，在涿鹿与蚩尤大战，终于擒住并杀死了他。这样，诸侯都尊奉轩辕为天子，取代神农氏，称为黄帝。

理解

本篇选自《史记·五帝本纪》，讲述了黄帝的出生，以及他取代神农氏成为新一代天子的故事。

黄帝是中国远古时期的人，距离今天有四千多年，他统一了华夏各个部落，成为中国远古时期华夏部落的联盟首领。黄帝带领人民播种百谷草木，发展农业生产，制作衣冠，发明舟车，制定音律，创立医学，是中国"五帝"之首，被后人尊为"中华民族的始祖""中华人文初祖"。

 国 学 常 识

1.炎帝:中国上古时期的部落首领,号神农氏,传说他用草药治病,教人民种植粮食作物,被后人尊为"神农大帝"。炎帝和黄帝共同为中华民族的祖先,中国人也自称"炎黄子孙"。

2.蚩尤:中国上古时期的部落首领,骁勇善战,相传是兵器的发明者。

3.五种:又叫五谷,分别是黍(shǔ)、稷(jì)、菽(shū)、麦、稻。

4.《史记》:作者司马迁,中国历史上第一部纪传体通史,"二十四史"之首,记载了上起黄帝时代下至汉武帝期间近三千年的历史。

第 二 课
帝尧禅让

尧立七十年得舜,二十年而老,令舜摄行(代理行使职权)天子之政,荐之于天。尧辟(通"避",避让)位凡(总共)二十八年而崩(特指古代君王的死)。百姓悲哀,如丧父母。三年,四方莫举乐,以思尧。尧知子丹朱之不肖(品行不好,没有出息),不足授天下,于是乃权(暂且,姑且)授舜。授舜,则天下得其利而丹朱病(损害,不利);授丹朱,则天下病而丹朱得其利。尧曰:"终不以天下之病而利一人。"而卒(终究,终于)授舜以天下。

尧崩,三年之丧毕,舜让辟丹朱于南河之南。诸侯朝觐(臣子上朝拜见君王。觐:音 jìn)者不之丹朱而之舜,狱讼者不之丹朱而之舜,讴歌者不讴歌丹朱而讴歌舜。舜曰:"天也。"夫而后之中国践天子位焉,是为帝舜。

 译 文

尧在位七十年得到了舜,又过了二十年因年老而退位,让舜代行天子职务,向上天推荐舜。尧退位二十八年后逝世。百姓悲伤哀痛,好像死了自己的父母一样。三年之内,各地没有人奏乐,以此来悼念帝尧。尧在生前知道自己的儿子丹朱不贤能,不配当天子,于是暂且将天子的权位授予了舜。如果让位给舜,天下人都能得到益处,只对丹朱一人不利;如果传位给丹朱,天下人都会遭殃,只有丹朱一人得利。尧说:"我终究不能为了一人得利而让天下人遭殃。"所以最后把天下传给了舜。

尧去世了,三年服丧完毕,舜把帝位让给了丹朱,自己躲到了南河的南岸。然而,诸侯上朝见天子,不到丹朱那去,却到舜这里;打官司也不找丹朱,而去找舜;百姓也只歌颂舜,不歌颂丹朱。舜说:"这是上天的意思啊!"于是便到了京都,登上天子之位,这就是舜帝。

理 解

本篇选自《史记·五帝本纪》,记述了尧禅让帝位给舜的故事。

在上古时代,帝王之位的传承采取的是禅让制。一个帝王老了,选举天底下最有德才的人,加以长期试用、考察和培养,认定合格之后,让他来继承帝位,当时尧传位给舜,舜传位给禹,都是禅让制。禅让制体现了上古社会对贤人的尊崇,也展现了其无私、为民的精神。在历史分期上,通常将尧、舜、禹的时代作为原始氏族社会。后来禹老了之后,将帝位传给了自己的儿子启,从此以后,帝位的传承就变成了世袭制。夏朝以后,中国也随之进入了奴隶制的阶级社会。世袭制是按照血缘关系来进行王位的世代传承,基本上是父死子继,或兄终弟及。从禅让制到世袭制,是私有制产生之后人类社会发展的必然结果,因为只有在世袭制度下,私有财产和贵族的阶级利益才能得到有力保护。

国学常识

　　1.尧：中国上古时期部落联盟首领，号为"陶唐氏"，又叫"唐尧"，中国禅让制的开创者。

　　2.舜：中国上古时期部落联盟首领，号为"有虞氏"，又叫"虞舜"，华夏文明的重要奠基人。

　　3.丹朱：中国上古部落联盟首领尧的长子，据司马迁记载，尧逝世后，舜将帝位让给丹朱，三年后，丹朱为政不善，又还位给舜。

　　4.启：也称"夏启"，禹的儿子，继承禹成为夏朝的君王，中国历史上由禅让制变成世袭制的第一人，传统上也被认为是中国第一位帝王。

第 三 课
太伯让贤

　　古公有长子曰太伯,次曰虞仲。太姜生少子季历,季历娶太任,皆贤妇人,生昌,有圣瑞(吉祥,好预兆)。古公曰:"我世当有兴者,其在昌乎?"长子太伯、虞仲知古公欲立季历以传昌,乃二人亡(逃)如(到,往)荆蛮(周代对楚、越一代的称呼),文身(在肌肤上刺画花纹或图案)断发,以让季历。

　　古公卒,季历立,是为公季。公季修古公遗道,笃(专心)于行义,诸侯顺之。公季卒,子昌立,是为西伯。西伯曰文王。遵后稷、公刘之业,则(效法)古公、公季之法,笃仁,敬老,慈少。礼下贤者,日中(中午)不暇(空闲)食以待士,士以此多归之。

译 文

　　古公的长子叫太伯,次子叫虞仲。古公的妃子太姜又生了个小儿子,叫季历,季历娶太任为妻。太任也像太姜一样是贤惠的妇人,生下姬昌,在姬昌诞生时有圣贤的祥兆。古公说:"我们家族的兴旺,恐怕是要靠姬昌了吧?"太伯和虞仲知道古公想传位给季历,再通过季历传位给姬昌,于是两人就一块离开了家族,逃到了偏远的南方,学习当地的习俗在身上刺上花纹、剪掉头发,为了将王位让给季历。

　　古公死后,季历继承了王位,尊为公季。公季延续古公的方法治理社会,专心于正义,诸侯归顺。公季死后,由儿子姬昌继承了王位,尊为西伯。西伯就是周文王。姬昌遵循后稷和公刘的事业,仿效古公和公季的治法,专心于仁义,敬爱老人,慈爱少年。姬昌礼贤下士,中午为了接待他们都来不及吃饭,士因此大多归顺于他。

理　解

　　本篇出自《史记·周本纪》,讲述了太伯和虞仲为了让姬昌继位,主动将王位让给了季历,以及姬昌登位,仁爱百姓,礼贤下士的故事。

　　太伯,又称"泰伯",是吴国的第一代君主,东吴文化的宗祖,孔子曾赞颂太伯谦让的品德,说:"泰伯,其可谓至德也已矣! 三以天下让,民无得而称焉。"泰伯曾经三次创造机会将国家的权位让给季历:泰伯借生病外出采药为由,前往吴越,此一让;后来古公驾崩,忍痛不去奔丧,让季历主持丧礼,此二让;泰伯习吴越之俗,断发文身,与民并耕,以表不再返回的决心,此三让。

国 学 常 识

　　1.古公:周文王的祖父,周族的杰出领袖。在古公的领导下,周族逐渐强盛起来,奠定了后来周灭商、建立周朝的基础。

　　2.昌:姬昌,古公的孙子,季历的儿子,位居西伯侯。姬昌是周朝奠基者,后来他的儿子姬发推翻了商朝,建立了周朝,追尊姬昌为文王,史称"周文王"。

3.文身断发:吴地靠近大海,当地有剪断头发和文身的习俗,象征龙的儿子,以求不受大海的伤害。

4.后稷:周朝先祖,姓姬,名弃,出生于稷山,被称为"稷王"。后稷是中国农耕始祖,善种谷物稼穑,教民耕种。

5.公刘:周朝先祖,姓姬,名刘,后稷的后代,继承后稷的事业,致力于推进农业文明的发展。

第四课
伯夷叔齐

伯夷、叔齐,孤竹君之二子也。父欲立叔齐,及父卒,叔齐让伯夷。伯夷曰:"父命也。"遂逃去。叔齐亦不肯立而逃之。国人立其中子(次子,排行第二的儿子。古代兄弟以伯、仲、叔、季来排行,伯是老大,仲是老二,叔是老三,季是老小)。于是伯夷、叔齐闻西伯昌善养老,盍(合,一起,音hé)往归焉。及至,西伯卒,武王载木主(木制的神主牌位),号为文王,东伐纣。

伯夷、叔齐叩马而谏曰:"父死不葬,爰(通"援",执,拿)及干戈,可谓孝乎?以臣弑君,可谓仁乎?"左右欲兵之。太公曰:"此义人也。"扶而去之。武王已平殷乱,天下宗(归向,归附)周,而伯夷、叔齐耻之,义不食周粟,隐于首阳山,采薇而食之。

及饿且死,作歌。其辞曰:"登彼西山兮,采其薇矣。以暴易暴兮,不知其非矣。神农、虞、夏忽焉没兮,我安适(前往)归矣?于嗟(感叹之辞)徂(同"殂",死亡,音cú)兮,命之衰矣!"遂饿死于首阳山。

010

译　文

伯夷和叔齐是孤竹君的两个儿子。父亲想让叔齐继承王位,等到父亲死了,叔齐要把王位让给伯夷。伯夷说:"这是父亲的遗命啊。"于是逃走了。叔齐不肯继承王位,也逃走了。国人只好拥立次子当君王。伯夷和叔齐听说西伯姬昌对待老者礼遇有加,一起去投奔了他。可是到了那里,西伯昌已经死了,他的儿子武王把灵牌载在车上,追尊西伯昌为文王,发兵向东边讨伐纣王。

伯夷、叔齐拉住武王的马缰谏诤说:"父亲死了还没有埋葬,就发动战争,能说是孝敬吗?作为臣子却去杀害君王,能说是仁义吗?"武王身边的随从要杀掉伯夷和叔齐。太公阻止说:"他们是有节义的人。"于是搀扶着他们离去了。后来武王平定了殷商的暴乱,天下都归顺了周朝,可是伯夷、叔齐认为这是耻辱的事情,坚守节义,不吃周朝的粮食,隐居在首阳山,靠采摘野菜充饥。

到了快要饿死的时候,他们作了一首歌。歌词说:"登上那西山啊,采摘那里的薇菜。以暴力来推翻暴力啊,竟认识不到那是错误。神农、虞舜、夏禹的太平盛世转眼消失了,我可以前往哪里呢?哎呀!只有死啊,命运是这样不济啊!"于是饿死在首阳山上。

理　解

本篇出自《史记·伯夷列传》,讲述了伯夷和叔齐不愿意与商朝暴政合作,放弃王位,又不赞同武王发动战争推翻商朝的行为,隐居深山,最后饿死的故事。

伯夷和叔齐坚守自己的理想,洁身自好,即使饿死,也不愿意同流合污,在他们身上表现出来的高尚的节操被后人所传颂,并成为中华民族优秀品德的重要组成部分。

国 学 常 识

1.孤竹国：三千年前商代的一个北方大国,周代时灭亡。

2.西伯昌：西伯姬昌。"西伯"是商代的爵位,由位于中国西边的最大的诸侯国周国国君担任。"昌"是指姬昌,周国君王,继承西伯侯之位,故称西伯昌,死后被追尊为文王。

3.纣：商朝最后一个天子,相传是一位暴君。

4.太公：商末周初人,姓姜,名尚,字子牙,叫姜尚或姜子牙。后来太公辅佐周文王与周武王,被封为太师,称"太公"。

5.养老：古代的一种礼制,选取年老而贤能的人,按时供给酒食,并加以礼敬。

第 五 课

烽火戏诸侯

褒姒(音sì)不好笑,幽王欲其笑万方(各种方法),故(仍,还是)不笑。幽王为烽燧(音suì)大鼓,有寇至则举烽火。诸侯悉(全部,全都)至,至而无寇,褒姒乃大笑。幽王说(同"悦",高兴)之,为数举烽火。其后不信,诸侯益(渐渐地)亦不至。

译 文

褒姒不爱笑,周幽王为了让她笑,用了各种办法,褒姒仍然不笑。周幽王设置了烽火狼烟和大鼓,有敌人侵犯时就点燃烽火。周幽王为了让褒姒笑,点燃了烽火,诸侯见到烽火,全都率领军队赶了过来,赶到之后,却不见敌寇,褒姒看了果然大笑。幽王很高兴,又为她多次点燃烽火。后来诸侯们都不相信了,也渐渐不来了。

理 解

这段话节选自《史记·周本纪》，记述了一个著名的历史典故——"烽火戏诸侯"。

周幽王是西周最后一个天子，由于其荒淫无道，致使西周走向衰落和灭亡。周幽王为了取悦褒姒，言而无信，欺骗诸侯，导致后来北方少数民族犬戎攻破西周都城镐京，周幽王自己也被杀害。周幽王死后，中国历史进入了东周，也就是春秋时代。

国 学 常 识

1.褒姒：周幽王的第二任王后。

2.幽王：周幽王，周宣王之子，西周第十二任君主。公元前771年，犬戎攻入西周都城镐（hào）京，杀死周幽王，西周灭亡。

3.烽燧：也称"烽火台""烟火台"，如有敌情，便在烽火台上放火燃烟，以传递军事信息，其中白天燃烟叫"烽"，夜晚放火叫"燧"。

第 六 课
郑伯克段于鄢

　　初,郑武公娶于申,曰武姜,生庄公及共叔段。庄公寤生(难产。寤:音wù),惊姜氏,故名曰寤生,遂恶之。爱共叔段,欲立之。亟(屡次)请于武公,公弗许。

　　及庄公即位,为之请制(古邑名,春秋时郑国属地,又叫虎牢关,形势险要)。公曰:"制,岩(险要)邑也,虢(音guó)叔死焉。佗(代词,指别的、其他的,音tuō)邑惟命。"请京,使居之,谓之京城大(同"太")叔。

　　祭仲曰:"都城过百雉(古代计算城墙面积的单位,长三丈、高一丈为一雉),国之害也。先王之制,大都不过参(同"叁",三的大写)国之一,中五之一,小九之一。今京不度,非制也。君将不堪(无法承受,控制不了)。"公曰:"姜氏欲之,焉辟(同"避",避免、躲开)害?"对曰:"姜氏何厌(满足)之有? 不如早为之所,无使滋蔓。蔓,难图也。蔓草犹不可除,况君之宠弟乎?"公曰:"多行不义,必自毙。子姑(暂且)待之。"

　　既而(不久)大叔命西鄙(边邑)、北鄙贰(变节,背叛)于己。公子吕曰:"国不堪贰,君将若之何? 欲与大叔,臣请事之;若弗与,则请除之,无生民心。"公曰:"无庸(无须,不用),将自及。"大叔又收贰以为己邑,至于廪延(地名,今河南省延津县。廪:音 lǐn)。子封曰:"可矣。厚将得众。"公曰:"不义,不昵(亲近)。厚将崩。"大叔完聚,缮(整治,音 shàn)甲兵,具卒乘(兵车,音 shèng),将袭郑,夫人将启之。公闻其期,曰:"可矣。"命子封帅车二百乘(古代兵车的单位,四马一车为一乘,音 shèng)以伐京。京叛大叔段。段入于鄢(地名,今河南省鄢陵县,音 yān)。公伐诸鄢。五月辛丑,大叔出奔共。

书曰:"郑伯克段于鄢。"段不弟(同"悌",指尊敬兄长,音 tì),故不言弟。如二君,故曰克。称郑伯(兄弟中排行老大者),讥失教也。谓之郑志。不言出奔,难之也。

译　文

当初,郑武公娶了申国的公主,叫武姜,生下了庄公和共叔段。武姜生庄公时难产,武姜受到惊吓,所以给庄公取名叫寤生,于是厌恶他。武姜偏爱共叔段,想让共叔段将来继承君王的位置,屡次请求武公,武公都不答应。

等到庄公当上君王,武姜请求将制邑分封给共叔段。庄公说:"制邑是一座险要的军事重镇,虢叔就死在那里,如果是别的地方都可以。"武姜便请求京邑,庄公答应了,让共叔段住在京邑,百姓称他为京城太叔。

祭仲说:"分封的城邑如果超过三百方丈,就会成为国家的危害。按照先王的制度,大的城邑不得超过国都的三分之一,中等的不能超过国都的五分之一,小的城邑不得超过九分之一。如今京邑的规模太大,不合法度,违背了先王制度,君王您将控制不住。"庄公说:"武姜想要这样,我又怎么能避免这个危害呢?"祭仲回答道:"武姜怎么会满足这些? 不如及早处置,别让祸根滋长蔓延。一旦蔓延,就难以对付了。蔓延开来的野草尚且难以除尽,更何况是您宠爱的弟弟呢?"庄公说:"一个人多行不义之事,注定自取灭亡。你暂且等等吧。"

不久之后，共叔段让原属郑国的西边和北边的两个边境城邑也听命于自己。公子吕对庄公说："国家不能让城邑同时听命于两个人，您打算怎么办？如果你想将整个国都交给太叔，我就去辅佐他；如果不打算交给他，就请除掉他，不要散乱了民心。"庄公说："不用，他将自取灭亡。"太叔又把之前两属的西边和北边的两个城邑完全归于己有，一直扩张到廪延。子封说："可以攻打了。领地扩大将会得到更多百姓的支持。"庄公说："对君主不义，对兄长不亲。领地扩大了，他也将要垮台了。"太叔修缮城池，修整盔甲和兵器，准备好士兵和战车，将要偷袭郑国，武姜作为内应将给太叔开启城门。庄公打听到共叔段袭击的时间，说："可以出击了。"命令子封率领战车二百辆讨伐京邑。京邑背叛共叔段。共叔段于是逃往鄢城。庄公又讨伐鄢城。五月二十三日，太叔逃亡到共国。

《春秋》记载道："郑伯克段于鄢。"共叔段不尊敬兄长，所以不称他是庄公的弟弟。兄弟俩像两个君王一样争斗，所以用"克"字。称庄公为"郑伯"，是讥讽庄公作为哥哥没有教导好弟弟。赶走共叔段，是庄公的本意。不言"出奔"，说明史官下笔有为难之处。

理　解

本篇出自《春秋左传》，讲述了鲁隐公元年（公元前 722 年），郑庄公与弟弟共叔段为了争夺君权而进行的一场残酷的斗争。郑庄公设计故意纵容共叔段与母亲武姜，共叔段骄纵，想夺取国君之位，庄公便以此为理由讨伐共叔段，并将共叔段赶出了郑国。

文章先介绍了事件的经过，最后一段，体现了《左传》作者的诠释风格和思想。《春秋》通过对语言、称谓的特殊表达，来阐明作者对历史事件的褒贬，这种叙述和评价历史事件的手法称为"春秋笔法"，其目的在于惩恶而扬善。

国学常识

1.郑武公:春秋时期郑国的第二任国君,公元前770—前744年在位。

2.申国:西周时期诸侯国,在今河南境内,公元前688年被楚文王所灭。

3.武姜:申国国君之女,郑武公的夫人,郑庄公和共叔段的母亲。

4.郑庄公:姬姓,郑氏,名寤生,郑武公之子,郑国第三任国君,公元前743—前701年在位。

5.虢叔:周文王的弟弟,西周时,周武王将制邑分封给虢叔,建立虢国,后来虢国被郑国所灭。

6.祭仲:郑国大夫。

7.公子吕:字子封,郑国大夫,郑武公的弟弟。

8.共国:西周时期的诸侯国,在今河南省辉县市。

9.《春秋左传》:原名《左氏春秋》,汉朝时又名《春秋左氏》《春秋内传》,简称《左传》。《春秋左传》相传是春秋时期鲁国的左丘明为《春秋》作注解的一部史书。

第七课
曹刿论战

　　十年春,齐师伐我。公将战,曹刿(音 guì)请见。其乡人曰:"肉食者(当权者,统治者)谋之,又何间(参与,音 jiàn)焉?"刿曰:"肉食者鄙(见识浅薄),未能远谋。"乃入见。问:"何以战?"公曰:"衣食所安,弗敢专也,必以分人。"对曰:"小惠未遍,民弗从也。"公曰:"牺牲玉帛,弗敢加(添枝加叶说假话,虚报)也,必以信。"对曰:"小信未孚(信服),神弗福也。"公曰:"小大之狱(官司,案件),虽不能察,必以情。"对曰:"忠(尽心尽力)之属也。可以一战。战则请从。"

　　公与之乘,战于长勺。公将鼓(击鼓进攻)之。刿曰:"未可。"齐人三鼓,刿曰:"可矣。"齐师败绩(战败)。公将驰(驱车马追逐)之。刿曰:"未可。"下视其辙(车轮压的痕迹,音 zhé),登轼(马车车厢前用作扶手的横木,音 shì)而望之,曰:"可矣。"遂逐齐师。

　　既克,公问其故。对曰:"夫战,勇气也。一鼓作气(第一次击鼓时士气振奋,比喻在劲头正盛时,一口气把事情完成),再而衰,三而竭(用尽)。彼竭我盈,故克之。夫大国,难测也,惧有伏焉。吾视其辙乱,望其旗靡(散落,倒下,音 mǐ),故逐之。"

译　文

鲁庄公十年的春天,齐国军队攻打我鲁国。鲁庄公将要迎战,曹刿请求拜见庄公。他的同乡说:"这是当权者谋划的事情,你何必去参与呢?"曹刿说:"当权者见识浅薄,不能深谋远虑。"于是入朝见鲁庄公。曹刿问庄公:"您凭借什么去打这场战争?"鲁庄公说:"所能养生的衣食,我不敢独自享用,一定把它们分给身边的大臣。"曹刿回答说:"这种小恩小惠不能遍及百姓,百姓是不会听从您的。"鲁庄公说:"祭祀用的牲畜、玉器和丝织品,我从来不敢虚报夸大数目,一定对上天说实话。"曹刿回答说:"小小信用,难以取得神灵的信服,神灵不会保佑的。"鲁庄公说:"大大小小的官司,即使不能一一明察,但一定根据实情裁决。"曹刿回答说:"这才是当权者要尽心做的事情。您可以打这场战争。如果作战,请允许我跟随您一同去。"

鲁庄公和曹刿同坐在一辆战车上,在长勺这个地方和齐军作战。鲁庄公将要下令击鼓进军。曹刿说:"还不行。"等到齐军三次击鼓之后,曹刿说:"可以击鼓进攻了。"结果齐军大败。鲁庄公又要下令驾车马追逐齐军。曹刿说:"还不行。"说完他就下了战车,察看齐军车轮碾过的痕迹,又登上战车,扶着车前的横木远望齐军的队形,然后说:"可以追击了。"于是追击齐军。

打了胜仗后,鲁庄公问他取胜的原因。曹刿回答说:"作战,靠的是士气。第一次击鼓能够振作士兵们的士气,第二次击鼓士兵们的士气就开始低落了,第三次击鼓士兵们的士气就耗尽了。他们的士气已经耗尽,而我军的士气正旺盛,所以才战胜了他们。像齐国这样的大国,他们的情况难以推测,怕他们设有伏兵。我看到他们车轮的痕迹混乱了,望见他们的旗帜倒下了,所以下令追击他们。"

理　解

本篇出自《春秋左传》,是《左传》中的名篇,讲述了曹刿在长勺之战中运用谋略最终为鲁国取得胜利的故事,反映了曹刿的政治远见和卓越的军事才能。

  战争是一大凶器,不可轻易使用,不过正义的战争还是必要的。在这一篇文章中,曹刿认为,打一场战争首先要得到人民的信任,没有人民的支持,战争是不能获得最终胜利的。其次,战争要善于运用战略和计谋。曹刿等到齐军三鼓而竭之后再进攻,追击敌军时先查看车辙是否混乱,都表现出他高超的军事策略。

国 学 常 识

1.曹刿:春秋时期鲁国人,军事家。

2.鲁庄公:春秋时期鲁国君王,公元前693—前662年在位。

第八课
伯牙鼓琴

伯牙善鼓(弹奏)琴,钟子期善听。伯牙鼓琴,志在登高山。钟子期曰:"善哉!峨峨(高耸的样子)兮若泰山!"志在流水。钟子期曰:"善哉!洋洋(浩大的样子)兮若江河!"伯牙所念,钟子期必得之。

伯牙游于泰山之阴(山之北),卒(同"猝",突然,音cù)逢暴雨,止于岩下;心悲,乃援琴而鼓之。初为霖雨(连绵大雨)之操(弹奏),更造崩山之音。曲每奏,钟子期辄(立即,音zhé)穷其趣(旨趣,心意)。伯牙乃舍琴而叹曰:"善哉!善哉!子之听夫!志想象犹吾心也。吾于何逃声哉?"

译 文

伯牙擅长弹琴,钟子期擅长欣赏。伯牙弹琴,琴声寄托着他对高山的向往。钟子期说:"好啊!巍峨啊就像泰山!"伯牙用琴声寄托着他对流水的向往。钟子期说:"好啊!浩荡啊就像江河!"伯牙在弹琴时,不管心里想什么,钟子期都能感受到。

伯牙与钟子期漫游在泰山北面,突然遇到大雨,被困在岩石之下。伯牙一时心中感到悲伤,就取出琴弹奏。起初他弹了一首有感于连绵大雨的曲子,接着又弹了一首有感于高山崩塌的曲子。每奏一曲,钟子期立即就能领悟曲子中所透露出的心意。伯牙于是放下琴感慨道:"了不起!了不起!您的鉴赏力!您的心意如同我的心意,我如何能在声音中藏匿心声呢?"

理 解

本篇出自《列子·汤问》,讲述了伯牙鼓琴、子期知音的故事。

古人弹奏音乐或吟诵诗词,将自己的情感寄托于其中,所以欣赏者也要通过自己的内心去同情和体会,只有这样,才能实现心灵的相通,做到真正的理解。钟子期擅长欣赏音乐,通过声音来体会伯牙的心意,能知伯牙之音。后来"知音"一词,便用来泛指能赏识自己的人,也就是知心朋友或知己的意思。

国 学 常 识

1.伯牙:春秋时期楚国人,音乐家,精通琴艺,晋国大夫。

2.钟子期:春秋时期楚国人,善知音。

3.《列子》:又名《冲虚经》,作者为春秋郑国的列御寇,道家重要典籍。

第 九 课
屈原罹忧

屈原者,名平,楚之同姓也。为楚怀王左徒（战国时楚国官名,负责讽谏）。博闻强志（强于记忆）,明于治乱,娴（熟悉,音xián）于辞令。入则与王图议国事,以出号令;出则接遇宾客,应对诸侯。王甚任之。

上官大夫与之同列,争宠而心害（妒忌）其能。怀王使屈原造为宪令（国家法令）,屈平属（撰写）草稿未定,上官大夫见而欲夺之。屈平不与,因谗之曰:"王使屈平为令,众莫不知,每一令出,平伐（自夸）其功曰,以为'非我莫能为'也。"王怒而疏屈平。

屈平疾（忧虑,痛心）王听之不聪（明察）也,谗谄之蔽明也,邪曲之害公也,方正之不容也,故忧愁幽思（深思）而作《离骚》。离骚者,犹离（同"罹",遭受）忧也。夫天者,人之始也;父母者,人之本也。人穷（处境恶劣）则反本。故劳苦倦极,未尝不呼天也;疾痛惨怛（悲痛忧伤。怛:音dá）,未尝不呼父母也。屈平正道直行,竭忠尽智以事其君,谗人间之,可谓穷矣。信而见疑,忠而被谤,能无怨乎?屈平之作《离骚》,盖自怨生也。

屈原至于江滨,被(同"披",音 pī)发行吟泽畔。颜色(脸色,面容)憔悴,形容(容貌)枯槁(枯萎,憔悴。槁:音 gǎo)。渔父见而问之曰:"子非三闾(音 lú)大夫欤(语气助词,表示疑问或感叹,音 yú)?何故而至此?"屈原曰:"举世混浊而我独清,众人皆醉而我独醒,是以见放(放逐,贬官)。"渔父曰:"夫圣人者,不凝滞于物而能与世推移。举世混浊,何不随其流而扬其波?众人皆醉,何不哺其糟(粗劣的食物)而啜(饮,音 chuò)其醨(薄酒,味不浓烈的酒,音 lí)?何故怀瑾(美玉,音 jǐn)握瑜(美玉,音 yú)而自令见放为(语气助词,表示疑问或感叹)?"屈原曰:"吾闻之,新沐者必弹冠,新浴者必振衣,人又谁能以身之察察(洁净的样子),受物之汶汶(玷污。汶:音 mén)者乎!宁赴常流而葬乎江鱼腹中耳,又安能以皓皓(洁白的样子)之白而蒙世俗之温蠖(昏乱。蠖:音 huò)乎!"

译 文

屈原,名平,和楚国王室是同姓一族。他担任楚怀王的左徒一职。屈原学识渊博,强于记忆,对国家治乱的规律了然于心,熟悉外交辞令。屈原在朝时与君王讨论国家大事,制定政令;对外接待各国使节,处理对各诸侯国的外交事务。楚怀王非常信任他。

楚国有个上官大夫和屈原同朝为官,上官大夫为了与屈原争夺君王的宠幸,心里妒忌屈原的才能。楚怀王让屈原制作国家法令,屈原刚写完草稿,还没有修订完成,上官大夫见到后便想夺为己有。屈原不肯给他,因而他便在楚怀王的面前说屈原的坏话:"大王您让屈原制定法令,上下没有人不知道这件事,大王每颁布一条法令,屈原就自夸其功,说'除了我,谁也没有能力做成'。"楚怀王听到后非常生气,因此就对屈原疏远了。

屈原忧虑楚怀王听到谗言不能明察是非,心智被各种谗言和谄媚所蒙蔽,致使邪恶损害了公道，正直的人被排挤，所以忧愁而深思，写作了《离骚》。所谓"离骚"，就是遭受忧愁的意思。上天是人的开端，父母是人的根本。人处在恶劣的环境中，就会返回根本。所以在人劳累困苦到极点时，没有不呼叫上天的；在受到病痛折磨到无法忍受时，没有不呼叫父母的。屈原坚持正道，尽心尽力地服侍君王，却遭受到小人谗言的挑拨，可以说是处境恶劣了。他的诚心被君王怀疑，他的忠心遭到诽谤，心中怎能没有怨恨呢？屈原创作《离骚》，大概就是来抒发这种悲愤的心情。

　　屈原来到江边，披头散发，一边走，一边吟唱。他的脸色憔悴，形体干瘦。一位渔翁看见他，问道："您不是三闾大夫吗？为什么来到此处？"屈原说："世间的人都污浊，唯独我还保持着洁净，众人都沉醉，唯独我还保持着清醒，所以我被放逐了。"渔翁说："圣人不被外物所牵累，随着世道的变化而变化，合乎时宜。全社会的人都污浊，你为什么不随波逐流呢？众人都沉醉，你为何不吃点残羹剩酒呢？为何非要保持美玉一般的品德，而使自己落个被放逐的下场呢？"屈原说："我听说过，刚洗过头的人一定要弹去帽子上的灰尘，刚洗过澡的人一定要抖去衣服上的尘土，哪有人愿意以清白之身受外界污垢的玷污呢？我宁愿跳入江水长流之中，葬身于鱼腹之内，又怎么能让我的清白蒙受世俗的污染呢！"

理　解

　　本篇取自《史记·屈原贾生列传》，讲述了屈原被小人谗言所害被贬官，郁郁而不得志，又不愿同流合污的故事。

　　屈原忠于国家，学识渊博，擅长外交辞令，有治国大才，但也因此遭到小人的嫉妒。楚怀王被谗言蒙蔽，疏远屈原。屈原满腔报国热忱深受打击，万分痛心，写作文学巨篇《离骚》。屈原被贬之后，楚国在与秦国的交战中接连失利，屈原屡次劝谏，却不起作用，楚怀王最终客死秦国。楚怀王死后，屈原时刻惦记着重返朝廷、复兴国家,但其非但没有得到楚王的原谅,反而遭到放逐,于是在悲愤与无奈之中,选择了投江自尽。

　　屈原的愤而投江体现了中国知识分子与士大夫忧国忧民的爱国情怀与洁身自好的道德品质。《离骚》是中国优秀传统文化的杰出代表,是伟大民族精神的集中体现。

国 学 常 识

　　1.屈原:战国时期楚国人,中国历史上第一位伟大的爱国诗人,中国浪漫主义文学的奠基人,楚辞的创立者和代表作者,被誉为"中华诗祖""辞赋之祖"。

　　2.三闾大夫:战国时期楚国特设的官职,主持宗庙祭祀,兼管贵族子弟教育,无实权,屈原被贬后任此职。

　　3.楚怀王:姓芈,名槐,战国时期楚国君王,公元前328年—前299年在位。

　　4.《离骚》:战国时期著名诗人屈原的代表作,是带有自传性质的一首长篇抒情诗。全诗共三百七十多句,近两千五百字,反映了屈原对楚国黑暗腐朽政治的愤慨和他热爱国家但不能为之效力的悲痛之情,也抒发了他遭到不公平待遇的哀怨。

第 十 课
老子出关

老子者,楚苦县厉乡曲仁里(街坊,古代五家为邻,五邻为里)人也,姓李氏,名耳,字聃(音 dān),周守藏室之史也。

老子修道德,其学以自隐无名为务。居周久之,见周之衰,乃遂去。至关(边界上的要塞隘口),关令尹喜曰:"子将隐矣,强(勉强,音 qiǎng)为我著书。"于是老子乃著书上下篇,言道德之意五千余言而去,莫知其所终。

世之学老子者则绌(通"黜",贬斥,音 chù)儒学,儒学亦绌老子。"道不同不相为谋",岂谓是邪(同"耶",疑问词)？李耳无为自化,清静自正。

◆ 译 文

老子是楚国苦县厉乡曲仁里人,姓李,名耳,字聃,做过周朝掌管藏书室的史官。

老子研究道与德的学问,他的学问以归隐、无名为宗旨。他在周朝住了很久,见到周朝的衰落,于是就离开了。到了函谷关,关令尹喜对他说:"您就要归隐了,勉强您为我写一本书吧。"于是老子就撰写了一本书,上下两篇,分别阐述了道与德的义理,共五千多字,然后离开了,没有人知道他去了哪里。

世上学习了老子学说的人会贬斥儒家学问,学习了儒家学问的人又会贬低老子学说。孔子说"思想不同,就不能在一起计议",难道说的就是这种情况吗?老子主张统治者不要按照自己的主观想法任意妄为,人民自行能向好的方面转化;保持心灵的安宁,行为举止就能归于正直。

理　解

本篇出自《史记·老子韩非列传》,介绍了老子的基本情况,讲述了老子出关的历史典故,并概括了老子的基本思想,以及当时儒道两家在思想上的交锋。

老子是中国最著名的思想家、哲学家之一,道家学派的开创者,对中国文化与社会影响巨大。老子的思想主要体现在《道德经》一书中。《道德经》又叫《老子》,分上下两篇,是中国古代哲学的重要经典之一。根据司马迁的记载,此书是老子在离开周朝出函谷关时,在关令尹喜的请求下写作的。

在中国传统文化中,儒家与道家思想影响最深。两派思想的交锋从春秋战国以来就一直持续着。在汉朝初期,儒家经过秦朝的"焚书坑儒"遭到削弱,黄老道家兴盛;汉武帝之后,儒学独尊,其地位大大超过了道家;到了魏晋时,道家思想又再次成为思想界的主流,并提出"越名教而任自然"的观点,以道家思想来贬斥儒家;唐代以降,儒家又以理学和心学的形态再次复兴,并自觉地将自身与道家思想划清界限。

儒家与道家思想作为中国本土文化的两大支柱,思想虽然各异,但又存在着互补共进的一面,在历史上,儒家与道家也一直在相互学习和借鉴。儒家与道家犹如太极中的一阳一阴,相辅相成:儒家倡导有为,道家主张无为,对于一个人来说,积极进取与逍遥不争都是同样需要的;儒家重视社会秩序的构建,道家则着力于揭示社会秩序的暂时性,有解构的作用,两者对于社会的稳定与发展也都是必需的。

国 学 常 识

1.尹喜:字文公,号"文始先生""文始真人",周朝大夫,曾任函谷关令,道家重要代表人物。

2.无名:道家思想中的概念,指不追求名誉,内心不受名誉影响,也不依名誉对人与事下判断。

第十一课
至圣孔子

孔子生鲁昌平乡陬(音 zōu)邑。其先宋人也,曰孔防叔。防叔生伯夏,伯夏生叔梁纥(音 hé)。纥与颜氏女野合(不合礼法的婚姻。叔梁纥六十四岁时娶颜氏,生了孔子,因为两人年龄悬殊,故而不合礼法)而生孔子,祷于尼丘得孔子。鲁襄公二十二年而孔子生。生而首上圩顶(头顶凹陷,中间低,四边高),故因名曰丘云(文言助词,无实在意义),字仲尼,姓孔氏。

太史公曰:《诗》有之:"高山仰止,景行(伟大的德行)行止。"虽不能至,然心向往之。余(我)读孔氏书,想见(经过推测得出结论)其为人。适(前往)鲁,观仲尼庙堂车服礼器,诸生以时习礼其家,余祗(恭敬,音 zhī)回留之不能去云。天下君王至于贤人众矣,当时则荣,没(同"殁",死,音 mò)则已焉。孔子布衣(平民),传十余世,学者宗(尊崇)之。自天子王侯,中国言六艺者折中(取正,调节,当有不同意见时,以此为标准)于夫子,可谓至圣矣!

译　文

孔子出生在鲁国昌平乡陬邑。他的祖先是宋国人,叫孔防叔。防叔生伯夏,伯夏生叔梁纥。叔梁纥年老时娶颜氏生下孔子,他们在尼丘山祈祷后生了孔子。鲁襄公二十二年孔子出生。他刚出生时头顶凹陷,所以就给他取名叫丘,字仲尼,姓氏是孔。

太史公说:《诗经》中有这样的话:"像高山一样令上仰望,像伟大的德行一样让人遵循。"我虽然不能达到这样的境界,但是心里非常向往。我读孔子的书,可以推测出他的为人。到了鲁地,参观孔子的庙堂、车辆、服装、礼器,目睹了学生们按时到孔子旧宅中学习礼仪的情景,我怀着崇敬的心情留恋于此,不忍离去。天下的君王乃至贤人可以说有很多,他们活着的时候很荣耀,死了却没有留下什么。孔子是一个平民,他的名声和学问到了我这时已经传了十几代,学者仍然尊崇他。从天子王侯,到全国谈"六经"的人,都把孔子的学说当作判断衡量的准则,孔子可以说是至高无上的圣人了。

 理　解

本篇出自《史记·孔子世家》,介绍了孔子的出生,其姓、名、字的来历,以及他的历史影响,表达了司马迁对孔子的崇拜敬仰之情。

孔子是对中国影响最大的思想家、教育家和哲学家,他提出了非常多的思想,至今仍然发挥着巨大作用,并深入人心。孔子是儒家学派的创始人,他生在春秋乱世,一生都在思索着人性向善、社会治理以及人类的命运,践行着崇高的美德与智慧,为万世师表!

国 学 常 识

1.陬邑:邑名,孔子的父亲叔梁纥曾是陬邑的行政长官。

2.叔梁纥:姓孔,名纥,字叔梁,孔子的父亲。

3.鲁襄公:春秋时期鲁国的第二十二任君王,公元前572—前542年在位。

4.太史公:古代官名,负责编载史事和天文历法,这里指《史记》的作者司马迁本人。

5.六艺:这里指"六经",即儒家所推崇的六部经典著作:《诗》《书》《礼》《乐》《易》《春秋》。

第十二课
子赞管仲

子路问于孔子曰:"管仲何如人也?"子曰:"大人也。"

子路曰:"昔者管子说(用话劝说别人,使其听从自己的意见,音 shuì)襄公,襄公不说(同"悦",高兴,音 yuè),是不辩也;欲立公子纠而不能,是无能也;家残于齐而无忧色,是不慈也;桎梏(被脚镣和手铐捆住。桎:音 zhì。梏:音 gù)而居槛车(囚车。槛:音 jiàn)中无惭色,是无愧也;事所射之君,是不贞也;召忽死之,管子不死,是无仁也:夫子何以大之?"

子曰:"管仲说襄公,襄公不说,管子非不辩也,襄公不知说(主张,言论中的道理,音 shuō)也;欲立子纠而不能,非无能也,不遇时也;家残于齐而无忧色,非不慈也,知命也;桎梏居槛车而无惭色,非无愧也,自裁(自己有决定)也;事所射之君,非不贞(坚守正义)也,知权(权宜,变通)也;召忽死之,管子不死,非无仁也,召忽者,人臣之材也,不死则三军之虏也,死之则名闻天下,夫何为不死哉?管子者,天下之佐、诸侯之相也,死之则不免于沟中之瘠(因贫困而流落荒野或死于沟壑的人。瘠:贫困,音 jí),不死则功复用于天下,夫何为死之哉?

由,汝不知也。"

译 文

子路问孔子:"管仲是个怎样的人?"孔子说:"是个了不起的人。"

子路说:"过去管仲游说齐襄公,襄公不高兴,可见管仲没有辩才;管仲打算辅佐公子纠登上君主之位,没有成功,可见管仲没有才能;管仲的家人在齐国受到迫害,他丝毫没露出忧伤之情,可见管仲没有慈爱之心;管仲成了俘虏,被关在囚车中,表情上看不出一点儿惭愧,可见管仲不知羞耻;管仲转而辅佐曾经射杀过的公子小白,可见不忠贞;召忽为公子纠殉死,管仲却苟活于世,可见他不仁义。老师为何说他是个了不起的人呢?"

孔子回答道:"管仲游说齐襄公,襄公不高兴,不是管仲没有辩才,而是襄公不懂得管仲的主张。管仲辅佐公子纠而失败,不是管仲无能,而是没有遇到好的时机。管仲家人在齐国遭受迫害而不见忧伤,不是管仲没有慈爱之心,而是他知道必然如此,无法改变。管仲成了俘虏被关在囚车中,面无惭色,不是没有羞耻之心,而是心中自有主张。管仲转而辅佐昔日的政敌,不是不坚守正义,而是他能权衡时势而变通。召忽为公子纠殉死,管仲不死,不是因为他不仁义,召忽只有为人之臣的才干,如果不死,一定会成为敌人的俘虏而不被重用,死了反而会名闻天下,为何不选择死呢?管仲则不然,他身具经天纬地之才,能成为天子的佐臣、诸侯的辅相,即使被俘虏,也不会被埋没,如果死了,只能成为沟中的死尸,如果不死,必能为天下人建功立业,为何去死呢?子路啊,你还没理解管仲啊。"

理 解

本篇出自《说苑·善说》,在这篇文章中,子路与孔子因为对待管仲有着不同态度而展开对话，着重表现了孔子对管仲的赞美。

管仲心存大志，能屈能伸。孔子认为，人生的价值不能以一时的成败来评判，而要看他对社会与人类所做的贡献。子曰："管仲相桓公，霸诸侯，一匡天下，民到于今受其赐。微管仲，吾其被发左衽矣。"管仲还是做出了很大的贡献。

管仲，姓管，名夷吾，字仲，安徽颍上人，中国古代著名的政治家、军事家和思想家，曾任齐国的丞相。在管仲的辅佐下，齐桓公称霸诸侯。管子是齐法家思想的重要代表，齐法家是春秋战国时期在齐国形成的法家学派，源自于齐国开国君王姜太公，其思想主张既强调以法治国，又重视道德教化，有法儒合流、法教兼备的特点。关于管子的思想，见于《管子》一书中。

国 学 常 识

1.齐襄公：春秋时期齐国的第十四位国君，公元前698—前686年在位。齐襄公昏庸无能，在位期间荒淫无道。

2.召忽：春秋时期齐国人，公子纠的老师，曾与管仲一同辅助公子纠。

第十三课
五羖大夫

　　五年，晋献公灭虞、虢(音 guó)，虏虞君与其大夫百里傒(音 xī)，以璧马赂(用财物买通别人)于虞故也。既虏百里傒，以为(用作)秦缪(同"穆"，音 mù)公夫人媵(古代随嫁的臣仆，音 yìng)于秦。百里傒亡(逃跑)秦走(往)宛，楚鄙人(住在偏远、乡野的人)执之。缪公闻百里傒贤，欲重赎之，恐楚人不与，乃使人谓楚曰："吾媵臣百里傒在焉，请以五羖(音 gǔ)羊皮赎之。"楚人遂许与之。当是时，百里傒年已七十余。缪公释其囚，与语国事。谢曰："臣亡国之臣，何足问！"缪公曰："虞君不用子，故亡，非子罪也。"固(执意，坚决地)问，语三日，缪公大说，授之国政，号曰五羖大夫。

译　文

　　秦缪公在位第五年，晋献公灭了虞国和虢国，俘虏了虞国的君王和大夫百里傒，这是由于晋献公赠送虞国君王白玉和良马以借道攻打虢国，回师时又灭了虞国所导致的。百里傒被俘虏之后，正值晋献公的女儿要嫁给秦缪公，于是百里傒便被当作秦缪公夫人出嫁时陪嫁的奴隶送到了秦国。百里傒逃离秦国跑到了宛地，楚国边境的人捉住了他。秦缪公听说百里傒贤能，想用重金赎买他，又担心楚国知道了不给，就派人对楚人说："我家的陪嫁奴隶百里傒逃到这里，请让我用五张黑公羊皮赎回他。"楚人于是答应了。这时，百里傒已经七十多岁了。秦缪公释放了百里傒，跟他谈论国家大事。百里傒谢绝道："我是亡国之臣，哪里值得您来询问呢！"秦缪公说："虞国国君不任用您，所以亡国了，这不是您的罪过。"缪公坚持询问，百里傒与他谈了三天，缪公非常高兴，把国家政事交给他管理，号称"五羖大夫"。

理　解

本篇出自《史记·秦本纪》，记述了"五羖大夫"百里傒的故事，故事既反映了百里傒的贤能，又体现了秦缪公的机敏、谦逊与善用人才的智慧。

百里傒曾为奴隶，但很贤能，社会终不会嫌弃与埋没他。秦缪公为了避免楚国的阻碍，用五张黑羊皮赎回百里傒，体现了缪公的机智；秦缪公虽然贵为君王，却能礼贤下士，不耻下问，重用人才。正是在秦缪公的统治与百里傒的辅佐之下，秦国不断强盛起来，成为"春秋五霸"之一。

国学常识

1.秦缪公：又称"秦穆公"，春秋时期秦国国君，公元前659—前621年在位，"春秋五霸"之一。

2.百里傒：字子明，春秋时期虞国大夫，虞国灭亡之后，成为秦国大夫，著名政治家、思想家，又称"五羖大夫"。

3.晋献公：春秋时期晋国国君。

4.虞国:春秋时期诸侯国,位于今天的山西省,公元前 655 年被晋献公所灭。

5.虢国:春秋时期诸侯国,位于今天的山西省,公元前 655 年被晋献公所灭。

第十四课
商鞅变法

　　孝公既用卫鞅，鞅欲变法，恐天下议己。卫鞅曰："疑行无名，疑事无功。且夫有高人之行者，固(必然，一定)见非于世；有独知之虑者，必见敖(同"傲"，自大，傲慢)于民。愚者暗(愚昧，不明白)于成事，知者见于未萌(事情尚未发生)。民不可与虑始而可与乐成。论至德者不和于俗，成大功者不谋于众。是以圣人苟(如果)可以强国，不法其故；苟可以利民，不循其礼。"孝公曰："善。"

　　甘龙曰："不然。圣人不易民而教，知者不变法而治。因(沿袭，依照)民而教，不劳而成功；缘(顺着，沿着)法而治者，吏习而民安之。"卫鞅曰："龙之所言，世俗之言也。常人安于故俗，学者溺于所闻。以此两者居官守法可也，非所与论于法之外也。三代不同礼而王，五伯(同"霸"，音bà)不同法而霸。智者作法，愚者制焉；贤者更礼，不肖(不贤，无才能)者拘焉。"

　　杜挚(音zhì)曰："利不百，不变法；功不十，不易器。法古无过，循礼无邪。"卫鞅曰："治世不一道，便(有利于，有益于)国不法古。故汤武不循古而王，夏殷不易礼而亡。反古者不可非，而循礼者不足多（赞许，推崇）。"

孝公曰："善。"以卫鞅为左庶长，卒定变法之令。

译　文

秦孝公开始重用卫鞅，卫鞅准备变法，秦孝公担心天下非议自己。卫鞅说："行动迟疑就不能取得名誉，做事犹豫就不能取得成功。而且有过人举动的人，他的行动自然会遭到非议；有独到见解的人，人们一定会觉得他自大傲慢。愚昧的人对过去的事情尚且感到困惑，而智慧的人对还没有发生的事情就已经有所预见了。不能与百姓一同谋划事情的创始，只能与他们分享事业的成功。讲论最高道德的人不必附和世俗，成就伟大功业的人不必与大众一同商议。所以圣人如果可以强国，就不必沿袭过去的制度；如果可以有利于人民，就不必遵循过去的礼仪。"秦孝公说："好。"

甘龙说："不是这样的。圣人不改变民俗来施以教化，有智慧的人不变革法度来治理国家。因循民俗来教化，不费力气就能成功；顺着已有的法规来治国，官吏习惯而百姓安定。"卫鞅说："甘龙所说的这些，是世俗的言论。平常人固守于旧的习俗，学者局限于所听闻的知识。固守于旧俗、局限于所知，当官守法是可以的，但不能与他们探讨超出既定法规之外的事情。三代虽然礼仪不同，但都成就了王道；五霸的法制虽然不同，但都建立了霸业。智慧的人创制法律，愚昧的人受制于法律；贤能的人变革礼仪，无能的人拘泥于礼仪。"

杜挚说："没有百倍的利益，就不能改变法度；没有十倍的功效，就不要更换器具。效法古代不会有过失，遵循旧礼便没有邪恶。"卫鞅说："治理社会不只一条道路，只要有利于国家就行，不是必须效法古代。所以商汤和周武王不因循古代而成就了王道，夏桀和商纣不改变旧礼而灭亡了国家。变革古代的礼法不能一味地否定，而因循古代的礼法也不足于赞美。"

秦孝公说："好。"于是任用卫鞅为左庶长，终于下达了变法的命令。

理 解

　　本篇出自《史记·商君列传》,讲述了商鞅劝说秦孝公变法强国的故事。商鞅提出变法,遭到保守派的反对,于是商鞅与甘龙、杜挚展开了激烈的辩论,最终商鞅取得秦孝公的认同,在秦国推行变法。商鞅变法使得秦国迅速强大起来,为之后秦国统一中国奠定了重要的基础。

　　中国历史悠久,传统的社会制度、思想文化、民间习俗既是社会前进的重要历史资源,但有时也会成为改革的阻力。在中国,古与今、旧与新之间的论辩与斗争一直延续着。时至今日,我们应当保持开放且理性的态度,既要继承和吸取传统中的优秀因素,但又不能固守传统、否定变革,应该将继承与创新统一起来。

国 学 常 识

　　1.商鞅:姓公孙,名鞅,原名叫公孙鞅,战国时期政治家、改革家、思想家,法家代表人物。公孙鞅是卫国国君的庶子,所以又叫他"卫鞅"。因为在秦魏河西之战中立功,公孙鞅被封于商,所以又叫"商鞅""商君"。

　　2.秦孝公:战国时期秦国国君,公元前361—前338年在位。

　　3.甘龙:秦孝公属下的大臣,思想守旧,阻碍变法。

　　4.三代:夏、商、周三个朝代的合称。

　　5.五伯:春秋时期的五个霸主,即齐桓公、晋文公、宋襄公、楚庄王和秦缪公。

　　6.杜挚:战国时期秦国官吏,守旧派的代表人物,反对变法。

　　7.左庶长:秦国官名,是最有实权的大臣职务。

第十五课
豫让二心

　　昔者豫让,中行文子之臣。智伯伐中行氏,并吞其地,豫让背其主而臣智伯。智伯与赵襄子战于晋阳之下,身死为戮(杀,音lù),国分为三。豫让欲报(报复)赵襄子,漆身为厉(通"疬",恶疮),吞炭变音,摘(剔除,音tī)齿易貌。夫以一人之心而事两主,或背而去,或欲身徇(同"殉",牺牲生命)之,岂其趋舍厚薄之势异哉?人之恩泽使之然也。

　　▣ 译 文

　　从前有个人叫豫让,是晋国中行文子的家臣。智伯攻打中行文子,吞并了中行文子的领地,豫让背叛了主人,成了智伯的手下。后来智伯与赵襄子在晋阳城下交战,智伯战败被杀,晋国也因此分裂为三国。豫让为了找赵襄子报仇,用油漆涂满全身,让身上长出恶疮,吞下木炭,改变自己的声音,又敲掉门牙,改变容貌。豫让以一颗同样的心先后侍奉两个不同的主人,对先前的主人背叛离弃,对后来的主人却甘愿牺牲,难道只是因为豫让趋从于强势,而舍弃弱势吗?其实是人的恩情发挥了作用。

理 解

本篇出自《淮南子·主术训》，以历史上著名的"三家分晋"为背景，讲述了晋国豫让先后侍奉两个主人，态度却截然相反的故事。

豫让侍奉中行文子时，不受重用，所以臣主之间没有恩情，后来投靠智伯，受到尊宠，豫让宁可牺牲生命也要为智伯报仇，以此来报答智伯。《淮南子》记载这个故事，旨在说明人与人之间的关系，以恩情为联结的纽带，权势与利益只是暂时的保障，不可长久。豫让的故事在《史记·刺客列传》中也有记载，"士为知己者死，女为说己者容"，正是出自豫让之口。

国 学 常 识

1.《淮南子》：又名《淮南鸿烈》，是西汉时期的著作，由西汉皇族淮南王刘安主持撰写，以道家思想为基础，综合了诸子百家学说。

2.三家分晋：春秋末年，晋国卿族内部争斗加剧，国君的权力衰弱，晋国的实权由六家大夫把持，分别是韩氏、赵氏、魏氏、智氏、范氏和中行氏，后来范氏和中行氏被其他卿族打败，再后来智氏也被打败，只剩下韩氏、赵氏和魏氏三家。公元前453年，晋国被三家瓜分，公元前403年，周天子正式承认三家为诸侯。三家分晋标志着春秋的结束和战国的开始。

第十六课
毛遂自荐

　　秦之围邯郸，赵使平原君求救，合从（同"纵"，合纵抗击秦国）于楚，约与食客门下有勇力文武备具者二十人偕（一同，一起）。

　　平原君曰："使文能取胜，则善矣。文不能取胜，则歃血（古代盟誓时，微饮牲畜的血，或含于口中，或涂在口旁，以示守信不悔。歃：音 shà）于华屋（国家朝会、议事的地方）之下，必得定从而还。士不外索，取于食客门下足矣。"得十九人，余无可取者，无以满二十人。

　　门下有毛遂者，前，自赞（自我推荐。赞：引荐）于平原君曰："遂闻君将合从于楚，约与食客门下二十人偕，不外索。今少一人，愿君即以遂备员（凑足人员的数，充数）而行矣。"平原君曰："先生处胜之门下几年于此矣？"毛遂曰："三年于此矣。"平原君曰："夫贤士之处世也，譬若锥之处囊中，其末（尖端）立见。今先生处胜之门下三年于此矣，左右未有所称诵，胜未有所闻，是先生无所有也。先生不能，先生留。"毛遂曰："臣乃今日请处囊中耳。使遂蚤（同"早"）得处囊中，乃颖脱而出（也作"脱颖而出"，比喻有才能的人遇到时机而显露本领，超越众人。颖：东西末端的尖锐部分，形容才能出众），非特其末见而已。"平原君竟与毛遂偕。

译　文

秦国围攻邯郸,赵王派平原君去楚国求援,联合抗击秦国,平原君约定选门下文武兼备的食客二十人一同前行。

平原君说:"如果能通过和平谈判取得成功,是最好的了。如果和平谈判不能成功,就挟制楚王在朝堂上把盟约确定下来,一定要确定了合纵盟约才回国。同去的文武之士不到外面寻找,从我门下的食客中选取就足够了。"结果选出十九人,剩下的没有可挑选的了,无法凑满二十人。

这时门下有个叫毛遂的食客,主动上前,向平原君自我推荐说:"我听说您想与楚国合纵抗秦,约定与门下食客二十人同行,不在外面寻找。现在还少一人,希望您让我加入同行的队伍中吧。"平原君说:"先生在我的门下有几年了?"毛遂说:"三年了。"平原君说:"有才能的人处在世间,就好像锥子放在口袋里,它的锋尖立即就会显露出来。如今先生在我们门下已经三年了,我身边的人从没有称赞过你,我也没有听说过你的本领,说明你没有什么本领。你不能去,还是留下来吧。"毛遂说:"我今日请求把我放入口袋中。假如把我早点放入口袋中,整个锥锋都会显露出来,不只是露出一点锋尖而已。"平原君终于同意让毛遂一同前行。

理　解

本篇出自《史记·平原君虞卿列传》,讲述了著名历史典故毛遂自荐。毛遂自荐这个成语告诉我们,当一个人有才能,因为没有机遇而不被他人赏识的时候,要勇于自我推荐,争取机会。

平原君,姓赵,名胜,是战国时期赵国的贵族,他礼贤下士,门下食客数千人。

在赵国危难时,平原君门下食客毛遂自告奋勇,与平原君一同到楚国谈判合纵抗秦之事。在谈判中,毛遂有勇有谋,最终逼迫楚王歃血为盟,签订了合纵的盟约,请来了援兵。平原君也因此对毛遂刮目相看,将毛遂奉为上宾。

国 学 常 识

1.邯郸:战国时期赵国都城,位于今天河北省邯郸市。

2.食客:古代寄食于贵族官宦家中,为主人出谋划策、奔走效力的人。

第十七课
鸡鸣狗盗

齐湣(古同"闵",音mǐn)王二十五年,复卒使孟尝君入秦,昭王即以孟尝君为秦相。人或说秦昭王曰:"孟尝君贤,而又齐族也,今相秦,必先齐而后秦,秦其危矣。"于是秦昭王乃止,囚孟尝君,谋欲杀之。孟尝君使人抵(冒昧去求见)昭王幸(宠爱)姬求解。幸姬曰:"妾愿得君狐白裘。"此时孟尝君有一狐白裘,直(通"值",价值)千金,天下无双,入秦献之昭王,更无他裘。孟尝君患之,遍问客,莫能对。最下坐有能为狗盗(窃贼)者,曰:"臣能得狐白裘。"乃夜为狗,以入秦宫臧(通"藏",贮藏财物的仓库,音zàng)中,取所献狐白裘至,以献秦王幸姬。幸姬为言昭王,昭王释孟尝君。

孟尝君得出,即驰去,更封传(古代官府所发的出境或投宿驿站的凭证。传:符信,音zhuàn),变名姓以出关。夜半至函谷关。秦昭王后悔出孟尝君,求之已去,即使人驰传(驾着驿站的马车快速奔驰。传:驿站所备的车,音zhuàn)逐之。孟尝君至关,关法(关口的制度)鸡鸣而出客,孟尝君恐追至,客之居下坐者有能为鸡鸣,而鸡齐鸣,遂发传出。出如食顷(大约吃一顿饭所用的时间,形容时间很短),秦追果至关,已后孟尝君出,乃还。

　　始孟尝君列此二人于宾客,宾客尽羞之,及孟尝君有秦难,卒此二人拔之。自是之后,客皆服。

译　文

齐湣王在位二十五年,终于又派孟尝君到了秦国,秦昭王立即让孟尝君担任秦国宰相。有人对秦昭王说:"孟尝君贤能,可他是齐王的同宗,现在来任秦国宰相,遇到事情一定先替齐国打算,而后才考虑秦国,这样秦国就危险了。"于是秦昭王罢免了孟尝君的宰相职务,并把孟尝君囚禁起来,想杀了他。孟尝君派人向昭王的宠妾求救。那个宠妾说:"我想得到孟尝君的白色狐皮大衣。"孟尝君原本有一件白色的狐皮大衣,价值千金,天下没有第二件,到秦国时献给了秦昭王,再也没有像这样的皮衣了。孟尝君很担忧,问遍了宾客,谁也想不出办法。有一位地位低的宾客擅长偷盗,说:"我能得到那件白色狐皮大衣。"于是夜晚伪装成狗,钻入秦王官殿仓库,得到了孟尝君献出去的白色狐皮大衣,拿回来送给了秦王的宠妾。宠妾替孟尝君向秦昭王说情,昭王便释放了孟尝君。

孟尝君获释后,立即快速逃离,更换了出境证件,改了姓名以出城关。夜半时到了函谷关。秦昭王后悔释放了孟尝君,再去寻他,他已经逃走了,于是立即派人驾着驿站的马车飞奔追捕。孟尝君到了城关,按照关法规定,鸡叫的时候才能放行出关,孟尝君为追兵赶到而担心,有一位地位低的宾客擅长学鸡叫,他一叫,附近的鸡都一齐叫了起来,于是城门打开,他们出示了证件,逃了出去。出关后大约一顿饭的工夫,秦国追兵果然到了函谷关,但已经落在了孟尝君的后面,只好返回了。

当初,孟尝君把这两人奉为宾客的时候,其他宾客无不感到羞耻,而孟尝君在秦国遭难,最终是靠着这两人才解除了危难。从此以后,宾客们对孟尝君都很佩服。

理 解

　　本篇出自《史记·孟尝君列传》，讲述了孟尝君借助擅长鸡鸣狗盗的宾客从秦国出逃的故事。鸡鸣狗盗，已经成为一个成语典故，指微不足道的本领，也指偷偷摸摸的行为，是个贬义词。

　　孟尝君，叫田文，战国时期齐国的贵族，与魏无忌（信陵君）、赵胜（平原君）、黄歇（春中君）并称为"战国四公子"。他们为了应对秦国的强势和挽救本国的灭亡，竭力网罗人才，广招宾客，礼贤下士，扩大自己的势力，在当时的中国掀起了一场养士的风尚。

国 学 常 识

　　1.齐湣王：战国时期齐国（田齐）的第六任君王，公元前301—前284年在位，又称"齐闵王"。

　　2.秦昭王：战国时期秦国君王，公元前306—前251年在位，又称"秦昭襄王"。

第十八课
李斯效鼠

　　李斯者,楚上蔡人也。年少时,为郡小吏,见吏舍厕中鼠食不洁,近人犬,数惊恐之。斯入仓,观仓中鼠,食积粟,居大庑(房屋,音wǔ)之下,不见人犬之忧。于是李斯乃叹曰:"人之贤不肖譬如鼠矣,在所自处耳!"

　　乃从荀卿学帝王之术。学已成,度(推测,音duó)楚王不足事,而六国皆弱,无可为建功者,欲西入秦。辞于荀卿曰:"斯闻得时(时机,机遇)无怠(松懈),今万乘方争时,游者主事。今秦王欲吞天下,称帝而治,此布衣(平民)驰骛(奔走,趋赴。骛:音wù)之时而游说者之秋(某一时期,某一时刻)也。处卑贱之位而计不为者,此禽鹿视肉,人面而能强行者耳。故诟(耻辱)莫大于卑贱,而悲莫甚于穷困。久处卑贱之位,困苦之地,非世而恶利,自托(陪衬,依托,引申为标榜)于无为,此非士之情也。故斯将西说秦王矣。"

　　太史公曰:"李斯以闾阎(乡里,民间。闾:音lǘ。阎:音yán)历诸侯,入事秦,因以瑕衅(可乘之机。瑕:音xiá。衅:音xìn),以辅始皇,卒成帝业,斯为三公,可谓尊用矣。斯知六艺之归,不务明政以补主上之缺,持爵禄之重,阿顺苟合,严威酷刑,听高邪说,废适(通"嫡",正妻生的长子,音dí)立庶(嫡子以外的儿子)。诸侯已畔(同"叛",叛乱),斯乃欲谏争,不亦末乎! 人皆以斯极忠而被五刑死,察其本,乃与俗议之异。不然,斯之功且(将近,几乎)与周、召列矣。"

译　文

李斯是楚国上蔡人。他在年轻的时候,曾在郡里当小官,看到办公处厕所里的老鼠在吃脏东西,每当有人或狗走近时,就会受到惊吓。李斯又到了粮仓,看到粮仓中的老鼠吃的是囤积的粟米,住在大屋之下,不用受到人或狗的惊扰。于是李斯感叹说:"一个人有出息还是没有出息,就好像老鼠一样,在于他所处的环境。"

于是李斯就跟着荀子学习帝王治理天下的学问。学业完成后,李斯估量楚王不值得他辅助,六国都很衰弱,没有建功立业的机会,就想西行去秦国。在和荀子辞行时,李斯说:"我听说一个人遇到好的机遇,不可松懈错过。如今在各大诸侯国争霸的时候,游说之士掌握实权。现在秦王想吞并各国,称帝统治天下,这正是平民出身的读书人和游说之士奔走趋赴和施展抱负的时刻。地位卑贱,却不积极地谋划作为,这样的人就好像禽兽一般,只等看到现成的肉才想去吃,白白长了一副人的面孔,勉强直立行走。所以,最大的耻辱莫过于卑贱,最大的悲哀莫过于贫穷。长期处于卑贱的地位和贫困的环境中,却还要非难社会,厌恶利禄,并标榜自己与世无争,这不是读书人情愿的。所以我要到西方的秦国去游说秦王了。"

太史公说:"李斯以一介平民游历诸侯,入关奉事秦国,辅佐秦始皇,终于完成帝王的事业,李斯位居三公,可以说是很受重用了。李斯明明知道'六经'的宗旨,却不致力于政治的清明,不去弥补皇帝的过失,身居显贵的地位,却阿谀奉承,推行酷刑峻法,听信赵高的邪说,废掉嫡子扶苏,立庶子胡亥。等到各地诸侯已经叛乱,李斯才想直言劝谏,这不是很低级吗! 人们都认为李斯忠心耿耿,却反受五刑而死,但当我考察了事情的根源,就与世俗的看法有所不同。否则的话,李斯的功绩几乎可以与周公、召公并列了。"

理　解

本篇出自《史记·李斯列传》，讲述了李斯效法仓中鼠，不甘贫贱，辅佐秦始皇的事情。

李斯是一位有大才能的人，在他的辅佐之下，秦国统一六国，建立起强大的中央集权制的国家。此外，秦朝车轨、文字、度量衡的统一，以及国家法律的制定，也都与李斯有很大关系，所以李斯的历史贡献是巨大的。不过，也因为李斯私心过重，只顾个人得失，不顾国家安危，也使得秦朝迅速衰亡。

司马迁认为，李斯虽然功绩卓著，德行却低下。按照儒家对士君子的要求，君子应当谋道不谋食，从道不从君，即使贫穷，也不失去理想与原则。可以说，李斯正是秦朝的一个缩影，李斯重事功、轻道义，整个秦朝也同样如此，最终短命而亡，为后代留下了深刻的教训。

国 学 常 识

1.荀卿：荀子，姓荀，名况，当时人们尊称他为"卿"，战国时期儒家代表人物，著《荀子》一书。荀子还是李斯和韩非子的老师。

2.三公：大臣中最高的三个官位，秦朝时，丞相、太尉、御史大夫为三公，李斯为秦朝丞相，位列三公之一。

3.赵高：中国历史上的著名宦官，任秦朝中车府令，曾与李斯合谋伪造诏书，逼秦始皇长子扶苏自杀，立秦始皇幼子胡亥为秦二世，然后独揽秦朝大权，加速了秦朝的灭亡。

第十九课
韩非囚秦

　　韩非者，韩之诸公子（古代称诸侯的孩子）也。喜刑名法术之学，而其归本于黄老。非为人口吃，不能道说，而善著书。与李斯俱事荀卿，斯自以为不如非。

　　非见韩之削弱，数（屡次，音shuò）以书谏韩王，韩王不能用。于是韩非疾（痛恨）治国不务修明其法制，执势以御其臣下，富国强兵而以求人任贤，反举浮淫之蠹（蛀虫，比喻侵蚀或消耗国家财富的人或事，音dù）而加之于功实之上。以为儒者用文乱法，而侠者以武犯禁。宽则宠名誉之人，急则用介胄之士（武士。介：铠甲。胄：头盔，音zhòu）。今者所养非所用，所用非所养。悲廉直不容于邪枉之臣，观往者得失之变，故作《孤愤》《五蠹》《内外储》《说林》《说难》十余万言。

　　人或传其书至秦。秦王见《孤愤》《五蠹》之书，曰："嗟乎，寡人得见此人与之游，死不恨矣！"李斯曰："此韩非之所著书也。"秦因急攻韩。韩王始不用非，及急，乃遣非使秦。秦王悦之，未信用。李斯、姚贾害（妒忌）之，毁之曰："韩非，韩之诸公子也。今王欲并诸侯，非终为韩不为秦，此人之情也。今王不用，久留而归之，此自遗患也,不如以过法诛之。"秦王以为然,下吏治非。李斯使人遗非药,使自杀。韩非欲自陈(述说),不得见。秦王后悔之,使人赦(免除或减轻刑罚,音shè)之,非已死矣。

译 文

韩非,是韩国的贵族子弟。爱好法家学说,他的思想可归宗于黄老之学。韩非有口吃,不善于讲话,却善于著书。他和李斯是同学,都是荀子的学生,李斯自认为学问不如韩非。

韩非看到韩国渐渐衰弱下去,屡次上书劝谏韩王,但是韩王没有采纳他的意见。韩非痛恨治理国家不致力于修明法制,不能凭借君主的权势来驾驭臣下,不能富国强兵并选拔任用贤能之士,反而任用那些对国家有害的华而不实的游说之士,并且让他们的地位高于实干的人。韩非认为儒士用古代文献扰乱国家法律,侠士用武力违犯国家禁令。国家没有战乱时,君王就宠信那些徒有名声的人;战争时,才起用披甲戴盔的武将。平时国家供养的不是有用的人,而所需要的人又不是国家所供养的。韩非悲叹廉洁正直的人被邪曲奸诈之臣所排挤,他观察总结历史上的得失变化,所以写了《孤愤》《五蠹》《内外储》《说林》《说难》等十余万字的著作。

有人把韩非的著作传到秦国。秦王读了《孤愤》《五蠹》的篇章后,说:"哎呀!我如果能见到这个人并与他交往,就是死也不遗憾了。"李斯说:"这是韩非所写的书。"秦王因此急迫地攻打韩国。韩王起始不重用韩非,到了这样紧急的时候,于是派遣韩非出使秦国。秦王很喜欢他,还没有信任和重用他。李斯、姚贾妒忌韩非,于是在秦王面前诋毁他说:"韩非是韩国贵族子弟。如今大王要吞并各国,韩非终究会向着韩国而不是秦国,这是人之常情。现在大王不重用他,把他留在秦国久了再放他回去,就是给自己留下祸根啊,不如给他加个罪名,依法处死他。"秦王同意了,给官吏下令,治韩非的罪。李斯派人给韩非送去了毒药,让他自杀。韩非想向秦王陈述是非,未能见到。后来秦王反悔了,派人去赦免他,可惜韩非已经死了。

理　解

本篇出自《史记·老子韩非列传》,介绍了韩非的身份和他的思想主张,以及他在秦国被囚遇害的过程。

韩非子是先秦法家思想的集大成者,与李斯是同学,都是荀子的学生。秦王嬴政任用法家思想治理国家,李斯在秦国受到重用。因为秦王非常欣赏韩非,李斯嫉妒韩非,也害怕他取代自己的地位,所以害死了韩非。韩非的思想主要体现在《韩非子》一书中,此书也是法家最重要的著作,是国学经典之一。

国 学 常 识

1.刑名法术之学:又称"刑名之学",简称"刑名",先秦法家学说的别称。"刑"通"形",指事实上的样子。"名"如法律、职位。法家用法律之"名"来规范现实之"刑",要求"刑"与"名"一致。

2.黄老:"黄"指黄帝,"老"指老子,黄老结合,是战国与汉初流行的一种思想流派,又称"黄老之学"。黄老之学以老子的哲学为根基,综合诸子各家思想,运用于现实政治。

3.姚贾:战国时期魏国人,得到秦王嬴政重用,成为秦国外交官。

第二十课
李斯焚书

　　始皇置酒咸阳宫,博士七十人前为寿。仆射(官名,秦朝时设置。射:音 yè)周青臣进颂曰:"他时秦地不过千里,赖陛下神灵明圣,平定海内,放逐蛮夷,日月所照,莫不宾服。以诸侯为郡县,人人自安乐,无战争之患,传之万世。自上古不及陛下威德。"始皇悦。博士齐人淳于越进曰:"臣闻殷周之王千余岁,封子弟功臣,自为枝辅。今陛下有海内,而子弟为匹夫,卒(同"猝",突然,音 cù)有田常、六卿之臣,无辅拂(亦作"辅弼",辅佐,辅助),何以相救哉? 事不师(效法)古而能长久者,非所闻也。今青臣又面谀(谄媚,奉承,音 yú)以重陛下之过,非忠臣。"始皇下其议。

　　丞相李斯曰:"五帝不相复(还原,使如前),三代不相袭(因袭,照旧搬用),各以治,非其相反,时变异也。今陛下创大业,建万世之功,固非愚儒所知。且越言乃三代之事,何足法也? 异时(从前)诸侯并争,厚招游学(周游各地以讲学、游说的学者)。今天下已定,法令出一,百姓当家则力农工,士则学习法令辟禁(刑法禁令。辟:法律,法度,音 pì)。今诸生不师今而学古,以非当世,惑乱黔首(秦朝对百姓的称呼)。**丞相臣斯昧死**(冒死)**言：古者天下散乱，莫之能一，是以诸侯并作，语皆道古以害今，饰虚言以乱实，人善其所私学**(私下里讲学议论)**，以非上之所建立。今皇帝并有天下，别黑白而定一尊。私学而相与非法教，人闻令下，则各以其学议之，入则心非，出则巷议，夸主以为名，异取以为高，率群下以造谤。如此弗禁，则主势降乎上，党与**(同党之人)**成乎下。禁之便**(有利，适宜)**。臣请史官非秦记皆烧之。非博士官所职，天下敢有藏《诗》、《书》、百家语者，悉诣**(到，特指到尊长那里去)守**(秦时官名，郡守，一郡的长官)、**尉**(秦时官名，郡尉，掌管驻军和治安)**杂烧之。有敢偶语**(私下窃议)**《诗》《书》者弃市**(在闹市执行死刑，将尸体弃置街头示众)**。以古非今者族**(灭族，把家庭成员全部处死)**。吏见知不举者与同罪。令下三十日不烧，黥**(古代的一种刑罚，即墨刑，以刀在人脸上刻字，再用墨涂上，使其永不褪色。黥：音 qíng)为城旦**(秦朝时的一种刑罚，服四年兵役，夜里筑长城，白天站岗)**。所不去者，医药卜筮**(占卜来预测未来的吉凶。筮：音 shì)种树之书。若欲有学法令，以吏为师。"制曰："可。"**

译　文

秦始皇在咸阳宫摆设酒宴，七十位博士向秦始皇颂祝寿辞。仆射周青臣上前颂扬道："从前秦国的土地只有千里，仰仗陛下圣贤神明，平定天下，驱逐蛮夷，凡是日月能照射到的地方，没有不臣服的。陛下将过去的诸侯国改置为郡县，人民安居乐业，没有战争的隐患，功业可以传至万代。陛下的威望与德业，从古至今，无人能及。"秦始皇听了很高兴。这时，有一位博士，是齐地人，名叫淳于越，他上前说："我听说商朝和周朝统治天下一千多年，将天下分封给子弟和功臣，作为自己的辅佐。如今陛下拥有天下，您与功臣的子弟却都是平民百姓，如果突然出现像田常或六卿之臣这样的乱臣贼子,而您没有人辅佐,到时谁来救援呢? 凡事不效法古人而能长久的,还没有听说过。刚才周青臣阿谀奉承,是在加重陛下的过失,不是忠臣所为。"秦始皇把他们的意见交给群臣议论。

丞相李斯说:"五帝的制度不是一成不变的,夏、商、周的制度也不是彼此因袭的,他们各有适合自己的制度,不是他们故意要与过去不同,而是因为时代变了。现在陛下开创了统一大业,本来就不是一些庸俗的儒生所能理解的。刚才淳于越所说的都是夏、商、周三代的故事,怎么能拿来效法呢? 从前诸侯并起纷争,大批招揽思想各异的学士。现在天下平定,法令统一,百姓在家中就应该致力于农业和手工业生产,学士就应该学习法律政令。如今这些儒生们不学习今天的,却要效法古代的,而且还以古代的规矩来抨击当今的制度,惑乱人心。丞相李斯冒死进言:古代天下散乱,没有统一,所以诸侯纷争,说话都是引用古人,否定当今,用描述古代的虚语来混乱对现实的判断,人们只追求自己一家学问,指责朝廷所建立的制度。当今皇帝统一中国,是非分别,由皇帝一人来定论。但是各种学说非议法令,人们听到法令后,便根据自己的一家之言妄加评议,一个人在家时就在心里指责,出门就在街巷批评,在君主面前夸耀自己以求取名利,追求奇异说法来抬高自己,率领民众制造毁谤。这种情况如果再不禁止,皇帝的权势就会下降,臣子之间就会形成权势的小团体。臣以为禁止是合适的。臣请求史官把不是秦国的典籍统统焚毁。除了博士官署可以藏书之外,天下所有私自收藏《诗》《书》以及诸子百家著作的人,全部将书籍送往郡守和郡尉那里烧掉。有敢在私下里相聚议论《诗》《书》的,处以死刑示众。用古代来否定当代的,满门抄斩。官吏如果知道而不举报,以同罪论处。命令下达之后三十日不烧书的,处以黥刑和城旦之刑。可以保留的有医药类、占卜类和种植类的书籍。如果学习法令,应拜官吏为老师。"秦始皇下诏说:"可以。"

理 解

本篇出自《史记·秦始皇本纪》,记载了秦朝"焚书"这一重大历史事件。焚书的起因是淳于越主张效法古代,向秦始皇提出分封制的建议,随后遭到李斯的反驳。李斯主张,社会是发展的,思想与制度应该不断地变革,不该因循守旧,并以此提出烧毁诸子百家所有的书籍、限制思想自由发展的建议,最终得到秦始皇的批准。

李斯"焚书"背后的原因很复杂,既有法家的思想主张,又有大一统的政治需要。李斯主张不能一味地效法古代,应当积极变革,有合理之处,秦朝废分封制为郡县制,统一中国,也的确是一大历史功绩,推进了中国社会的进步。然而,销毁古籍、禁止言论所造成的灾难是无法估量的。一方面,思想单一导致社会治理缺乏智慧,顾此失彼,难以全面,秦朝独任法制,对待百姓严苛暴虐,最终短命而亡;另一方面,思想专制限制了文化的发展与文明的进步,并在中国历史上屡屡出现,贻害无穷,始作俑者,乃是秦朝!

国 学 常 识

1.博士:古代学官的名称,起源于战国,秦、汉时设置,掌通古今学问,常作为帝王的学术顾问。

2.田常:春秋时期齐国人,齐国田氏家族首领。在历史上,他以篡权、窃国而闻名,曾谋划弑杀齐悼公,立齐简公,又杀死齐简公,拥立齐平公。

3.六卿:春秋时期晋国的六家世袭卿族,分别是范氏、中行氏、赵氏、韩氏、智氏和魏氏,后来六家作乱,相互攻伐,逐渐演变成历史上著名的"三家分晋"事件。

4.三代:夏、商、周三个朝代的合称。

第二十一课
张良刺秦

留侯张良者,其先韩人也。大父(祖父)开地,相韩昭侯、宣惠王、襄哀王。父平,相厘王、悼惠王。悼惠王二十三年,平卒。卒二十岁,秦灭韩。良年少,未宦事韩。韩破,良家僮(奴婢,音 tóng)三百人,弟死不葬,悉(尽,全)以家财求客刺秦王,为韩报仇,以大父、父五世相韩故。

良尝学礼淮阳。东见仓海君。得力士,为铁椎重百二十斤。秦皇帝东游,良与客狙击(埋伏在隐蔽处伺机袭击。狙:音 jū)秦皇帝博浪沙中,误中副车。秦皇帝大怒,大索(搜寻)天下,求贼甚急,为张良故也。良乃更名姓,亡匿下邳。

 译 文

留侯张良,他的先祖是战国时韩国人。张良的祖父张开地,做过韩昭侯、韩宣惠王、韩襄哀王的辅相。父亲张平,做过韩厘王、韩悼惠王的辅相。悼惠王二十三年,张平去世。张平死后二十年,秦国灭亡了韩国。张良当时年少,没有在韩国做过官。韩国灭亡后,张良家有仆人三百人,弟弟死了没有厚葬,将全部财产用于寻求勇士刺杀秦王,为韩国报仇,因为他的祖父和父亲曾辅佐过五代韩王。

张良曾经在淮阳学习礼法。到东方见到了仓海郡的长官。在那里他找到了一个大力士,张良为他造了一个一百二十斤重的铁锤。秦皇帝到东方巡游,张良与这位大力士在博浪沙这个地方袭击秦始皇,误中了副车。秦始皇大怒,在全国大肆搜捕,非常急迫地要捉拿刺客,就是因为张良的缘故。张良于是改名换姓,逃到了下邳躲藏了起来。

理　解

本篇出自《史记·留侯世家》,记述了张良的家族背景以及他刺杀秦始皇的事迹。

在战国末期,秦国最为强大,先后消灭了韩、赵、魏、楚、燕、齐六国,统一了中国,建立了中央集权的强大国家——秦朝。秦朝建立不久,秦始皇就遭遇到许多次的暗杀,张良刺秦就是一例。

张良刺杀失败后,躲在下邳,偶遇黄石公,得到《太公兵法》。后来张良辅佐刘邦,打败项羽,最终夺得天下。汉朝的建立,张良功不可没。汉高祖刘邦曾评价他说:"夫运筹策帷帐之中,决胜于千里之外,吾不如子房。"张良,字子房。后来张良被封为留侯。

国学常识

1.韩国:战国时期诸侯国之一,与魏国、赵国合称"三晋"。公元前403年,韩国得到周天子的承认,位列诸侯,韩国正式建立。公元前230年,韩国被秦国所灭。

陈胜者,阳城人也,字涉。吴广者,阳夏人也,字叔。陈涉少时,尝与人佣耕(受雇为人耕种),辍耕之垄上,怅恨(因失意而恼恨。怅:音 chàng)久之,曰:"苟富贵,无相忘。"庸(同"佣",雇佣)者笑而应曰:"若(你)为庸耕,何富贵也?"陈涉太息(叹气)曰:"嗟乎! 燕雀安知鸿鹄之志(成语,比喻平凡的人哪里知道英雄人物的志向。鸿鹄:飞得很高的大鸟,比喻志向远大的人。鹄:音 hú)哉!"

二世元年七月,发闾左(秦代以居闾左为穷人,居闾右为富人,穷人必须服劳役和防守边疆。闾:古代二十五家为一闾,音 lú)谪戍(发配在外,防守边疆。谪:调往边外,音 zhé。戍:守卫边疆,音 shù)渔阳,九百人屯(驻扎)大泽乡。陈胜、吴广皆次(临时驻扎)当行,为屯长。会天大雨,道不通,度(计算,推测,音 duó)已失期。失期,法皆斩。陈胜、吴广乃谋曰:"今亡(逃跑)亦死,举大计亦死;等死,死国可乎?"陈胜曰:"天下苦秦久矣。吾闻二世少子也,不当立,当立者乃公子扶苏。扶苏以数(多次,屡次,音 shuò)谏故,上使外将兵。今或闻无罪,二世杀之。百姓多闻其贤,未知其死也。项燕为楚将,数有功,爱士卒,楚人怜之。或以为死，或以为亡。今诚以吾众诈自称公子扶苏、项燕，为天下唱（同"倡"，发动，倡导），宜多应者。"吴广以为然。

吴广素爱人，士卒多为用者。将尉（军官）醉，广故数言欲亡，忿恚（恼怒。恚：音 huì）尉，令辱之，以激怒其众。尉果笞（用鞭杖或竹板打，音 chī）广。尉剑挺（拔出），广起，夺而杀尉。陈胜佐之，并杀两尉。召令徒属（徒众，属众）曰："公等遇雨，皆已失期，失期当斩。藉（假设，假使，音 jiè）第（仅仅，只能）令毋斩，而戍死者固十六七。且壮士不死即已，死即举大名耳，王侯将相宁有种乎！"徒属皆曰："敬受命。"乃诈称公子扶苏、项燕，从民欲也。袒右（脱去右袖，露出右臂。古时候，袒右是参加起义的标志。袒：音 tǎn），称大楚。

译　文

陈胜，阳城人，字涉。吴广，阳夏人，字叔。陈胜年轻时，曾同别人一起被雇佣给人耕田。一天，他停止耕作，走到田埂高处，因失意而叹息很久，说："如果我富贵了，不会忘记大家的。"和他一起耕田的人笑着说："你一个受雇耕田的人，哪里来的富贵？"陈涉长叹一声道："唉！燕雀怎能知道鸿鹄的志向呢？"

秦二世元年七月，朝廷征发贫民派往渔阳驻守，九百人驻扎在大泽乡。陈胜和吴广也被安排在这个队伍中，担任驻扎的头目。恰巧遇到天下大雨，道路不通，推测已经误期。误了期限，按照法律都要被砍头。陈胜和吴广于是商量道："如今逃跑被抓回来是死，发动起义也是死；同样是死，为夺取国家而死，可以么？"陈胜说："天下人在秦朝的统治下受苦已经很久了。我听说秦二世是秦始皇的小儿子，不应当立为皇帝，应当立公子扶苏。扶苏因为屡次劝谏秦始皇的缘故，被派到外面带兵。现在有人听说他没有犯罪，秦二世却杀了他。百姓大多听说他很贤明，而不知道他已经死了。项燕是楚国的将领，多次立功，爱护士兵，楚国人都爱戴他。有人以为他死了，有人以为他逃跑了。现在如果我们假称是公子扶苏和项燕的队伍，号召天下,应当会有很多人响应我们。"吴广认为他讲得对。

吴广向来爱护士兵,士兵大多愿意听他差遣。在一次军官喝醉时,吴广故意多次说想逃跑,使军官恼怒来侮辱自己,以便激怒士兵。军官果然用竹板打吴广。在军官拔出剑时,吴广跳起来,夺过剑杀了军官。陈胜辅助他,又一起杀了另外两个军官。于是召集并号令徒众说:"诸位遇上大雨,都已经误了期限,误期要被杀头。即使能免去杀头,可是去守卫边疆也注定有十之六七人会死。况且壮士不死便罢了,要死也该成就伟大的名声,王侯将相,难道是天生的贵种!"这些人都说:"愿意听从您的号令。"于是,他们假称是公子扶苏和项燕的部队,顺从人民的愿望。人人都露出右臂,号称大楚。

理 解

本篇出自《史记·陈涉世家》,讲述了秦朝末年陈涉农民起义的发起原因与过程。

陈涉起义,又叫"陈胜吴广起义",因为发生在大泽乡这个地方,所以又叫"大泽乡起义"。秦朝徭役和兵役繁重,刑法严酷,人民深受其害,走投无路,最终逼迫百姓起义造反。陈涉起义是中国历史上第一次大规模的平民起义,虽然最后失败,却沉重打击了秦朝统治。起义得到了各方势力的响应,刘邦与项羽也深受影响,揭竿而起,最终推翻了秦朝暴政。

文中"燕雀安知鸿鹄之志""王侯将相宁有种乎"后来都成为千古名句,尤其是"王侯将相宁有种乎",表达了中国人民不屈服命运的抗争精神与人生来平等的观念,影响深远。

国 学 常 识

1.秦二世:秦朝第二个皇帝胡亥,姓嬴,名胡亥,公子扶苏的弟弟,公元前210—前207年在位。

2.扶苏:姓嬴,名扶苏,秦始皇的长子,常称"公子扶苏"。

3.项燕:战国时期楚国名将,

第二十三课
韩信忍辱

　　淮阴侯韩信者,淮阴人也。始为布衣时,贫无行(没有可以为人称道的行为事迹),不得推择为吏,又不能治生(自营生计)商贾,常从人寄食饮,人多厌之者。常(通"尝",曾经)数从其下乡南昌亭长寄食,数月,亭长妻患(厌烦,憎恶)之,乃晨炊蓐食(早晨做好了饭,在被子里就把它吃掉。蓐:通"褥",指铺在床上面的垫子,音rù)。食时信往,不为具(准备)食。信亦知其意,怒,竟绝去。

　　信钓于城下,诸母漂(用水冲去杂质,这里指漂洗丝絮,音piǎo),有一母见信饥,饭信,竟漂数十日。信喜,谓漂母曰:"吾必有以重报母。"母怒曰:"大丈夫不能自食,吾哀王孙(古代用来尊称青年男子)而进食,岂望报乎!"

　　淮阴屠中少年有侮信者,曰:"若虽长大,好带刀剑,中情怯耳。"众辱之曰:"信能死(不怕死),刺我;不能死,出我袴(通"胯",臀下两大腿之间,音kuà)下。"于是信孰(通"熟",仔细,周详)视之,俛(同"俯",屈身,低头,音fǔ)出袴下,蒲伏(亦作"匍匐",在地上爬行)。一市人皆笑信,以为怯。

译文

　　淮阴侯韩信，是淮阴郡的人。当初韩信还是平民百姓时，家境贫穷，也没有什么可以为人称道的行为事迹，不能被推举去做官，又不能靠经商来维持生计，经常寄居在别人家里吃闲饭，人们大多厌恶他。他曾经多次前往下乡县南昌亭的亭长家里吃闲饭，连续数月，亭长的妻子厌恶他，就提前做好早饭，直接在卧室里吃掉。等到吃饭的时候，韩信去了，却没有为他准备早饭。韩信也明白了他们的意思，一怒之下，离开了下乡这个地方。

　　韩信在城下钓鱼，有几位老妇人在河里漂洗丝絮，其中有一位老妇人看到韩信饥饿，就拿饭给他吃，几十天都如此。韩信很高兴，对这位老妇人说："我将来一定会重重地报答您老人家的。"这位老妇人生气地说："大丈夫不能自食其力，我是可怜你这位公子才给你饭吃，难道还指望你来报答！"

　　淮阴有个年轻屠夫侮辱韩信，说："你虽然长得高大，喜欢佩带刀剑，其实是个胆小鬼。"又当众羞辱他说："你要不怕死，就拿剑刺我；如果怕死，就从我胯下爬过去。"于是韩信仔细地打量了他一番，低下身去，趴在地上，从他的胯下爬了过去。满街的人都笑话韩信，认为他胆小。

理解

　　本篇出自《史记·淮阴侯列传》，讲述了韩信年轻时贫穷受辱的故事，展现了韩信心存大志、受辱忍耐的品质。成大事者，不会因为眼前暂时的贫困而放弃自己的志向，正像孔子所说："小不忍，则乱大谋。"而且，眼下的困难，更是对一个人的磨炼，会使人变得更加坚强，一个人在起初阶段所忍耐的苦楚越大，所经历的磨炼越多，将来才越有可能成就一番大的事业，韩信就是这样的人。

　　后来，韩信遇到了萧何，萧何很欣赏韩信，将他推荐给了刘邦，韩信也逐渐成为刘邦麾下的最高将领,为刘邦打败项羽、建立汉朝立下了汗马功劳。在中国历史上,韩信是著名的军事家,被后人奉为"兵仙""神帅"。在他身上发生了许多故事,文中的漂母饭信、一饭千金、胯下之辱也都是著名的历史典故。

国 学 常 识

1.亭长:官名,按照秦汉的制度,每十里为一亭,设亭长,掌管捕捉盗贼。

第二十四课
四面楚歌

　　项王军壁(驻扎)垓(音gāi)下,兵少食尽,汉军及诸侯兵围之数重。夜闻汉军四面皆楚歌,项王乃大惊曰:"汉皆已得楚乎? 是何楚人之多也!"项王则夜起,饮帐中。有美人名虞,常幸从(因得宠而跟随);骏马名骓(音zhuī),常骑之。于是项王乃悲歌慷慨,自为诗曰:"力拔山兮(助词,相当于"啊"或"呀")气盖世,时不利兮骓不逝(去,往)。骓不逝兮可奈何,虞兮虞兮奈若何!"歌数阕(量词,歌曲或词的一首叫一阕,一段也叫一阕,音què),美人和(跟着唱,音hè)之。项王泣数行下,左右皆泣,莫能仰视。

译　文

　　项羽的军队在垓下驻扎,兵少粮尽,汉军及诸侯兵把他们团团包围了好几层。深夜,听到汉军在四周唱着楚地的歌,项羽大为吃惊,说:"难道汉军已经完全占领了楚地? 怎么汉军里有这么多楚地的兵士啊!"项羽连夜起来,在军帐中饮酒。有美人名虞,一直受宠跟在项羽身边;有骏马名骓,一直是项羽的坐骑。这时候,项羽不禁悲痛慷慨,作诗吟唱道:"力量能拔山啊,英雄气盖世无双,时运不济呀,骓马不再往前闯!骓马不往前闯啊怎么办,虞姬啊虞姬,你又怎么办!"项王唱了几遍,虞姬在旁跟着唱。项羽眼泪一道道流下来,左右侍从也都跟着落泪,没有一个人能抬起头来看他。

理　解

本篇出自《史记·项羽本纪》,记述了西楚霸王项羽被围困在垓下,即将战败的悲惨情景。

秦朝末年,全国各地有许多力量兴起,反抗秦朝统治,其中有两支最为强大,一支是项羽领导的楚军,一支是刘邦领导的汉军。起初,项羽强大,刘邦弱小,但是项羽为人残暴,刚愎自用,沿用秦朝以武力治理天下的方式,以暴制暴,不得人心,不符合历史发展的需要,所以最后战败。直到临死时,项羽还认为是时运不济,仍然没有自省觉悟。成语四面楚歌,就是出自此处。

国 学 常 识

1.项羽:名籍,字羽,又叫项籍,秦朝末朝人,楚国名将项燕之孙,秦亡后称霸,谓"西楚霸王"。

2.四面楚歌:比喻四面受敌,孤立无援,陷入窘迫的境地。

第二十五课
陆贾著新语

陆贾者,楚人也。以客(宾客,幕僚)从高祖定天下,名为有口辩士,居左右,常使(出使)诸侯。

陆生(儒生,读书人的通称,也指有学问、有德行的人)时时前说称《诗》《书》。高帝骂之曰:"乃公(你的父亲,自称的傲慢词。乃:你,你的)居马上而得之,安(疑问词,哪里)事《诗》《书》!"陆生曰:"居马上得之,宁可以马上治之乎? 且汤武逆取而以顺守之,文武并用,长久之术也。昔者吴王夫差、智伯极武而亡;秦任刑法不变,卒灭赵氏(秦始皇,嬴姓,赵氏,名政)。乡使(假使)秦已并天下,行仁义,法先圣,陛下安得而有之?"高帝不怿(喜悦,音yì)而有惭色,乃谓陆生曰:"试为我著秦所以失天下,吾所以得之者何,及古成败之国。"陆生乃粗述存亡之征(征兆,迹象),凡(总共)著十二篇。每奏一篇,高帝未尝不称善,左右呼万岁,号其书曰《新语》。

译　文

陆贾是楚地人,以宾客的身份跟随高祖平定天下,被誉为口才好的辩士,伴随在高祖左右,常常出使各个诸侯国。

陆贾经常在高祖面前谈论《诗》《书》等儒家经典。高祖骂他道:"你老子我是靠骑在马上打下的天下,哪里用得着《诗》《书》!"陆贾回答说:"在马上可以打下天下,难道可以在马上治理天下吗? 商汤和周武王用武力征服天下,以文教治理天下,文治与武力并用,这才是国家长治久安的方法。从前吴王夫差、晋国智伯都是因为极力炫耀武力而导致灭亡;秦朝一味地使用严刑峻法而不知变更,最后导致灭亡。假使秦朝统一天下之后,实行仁义之道,效法先圣,陛下又怎么能取而代之呢?"高帝听完后,心情不好,脸上露出惭愧的颜色,对陆贾说:"你尝试着为我总结一下秦朝失去天下,我们得到天下,以及古代各王朝成功和失败的原因所在。"陆贾于是简要地论述了国家兴衰存亡的征兆和原因,一共写了十二篇文章。每上奏一篇,高帝没有不称赞的,左右群臣也一齐高呼万岁,这本书称为《新语》。

理　解

本篇出自《史记·郦生陆贾列传》,讲述了陆贾反思秦亡教训,向汉高祖刘邦谏言治国之策的故事。

陆贾是西汉初年著名的思想家,他反思了秦朝短命而亡的教训,写作了《新语》一书,为汉朝政权的稳定与汉朝制度的建立提供了重要的思想基础。秦朝焚书坑儒,独任法家,对人民过度严酷,导致灭亡。高祖刘邦起初也是重武轻文,所以陆贾劝谏刘邦,认为打天下要靠武力,但治理天下主要靠文教的作用,文武兼备,德法统一,才能让国家长治久安。

国 学 常 识

1.高帝：一般指开国皇帝，这里指汉朝开国皇帝，汉高祖刘邦。

2.智伯：春秋末年晋国"四卿"之一，曾倚仗着武力向赵氏、魏氏、韩氏三家勒索土地，后来三家联合攻打智氏，智伯家族灭亡，晋国也分裂为韩、赵、魏三国。

第二十六课
古之匈奴

匈奴，其先祖夏后氏之苗裔(后代子孙)也，曰淳维。唐虞以上有山戎、猃狁(猃：音 xiǎn。狁：音 yǔn)、荤粥(荤：音 xūn。粥：音 yù)，居于北蛮，随畜牧而迁移。其畜之所多则马、牛、羊，其奇畜则橐驼(骆驼。橐：音 tuó)、驴、骡、駃騠(古代一种骏马的名称。駃：音 jué。騠：音 tí)、騊駼(古代一种野兽的名称，形状似马。騊：音 táo。駼：音 tú)、驒騱(古代的一种野马的名称。驒：音 tuó。騱：音 xí)。逐水草(有水源和青草的地方)迁徙，毋(无，没有)城郭(城邑。内城的墙叫"城"，外城的墙叫"郭"，泛指城邑)常处耕田之业，然亦各有分地。毋文书，以言语为约束。儿能骑羊，引弓射鸟鼠，少长则射狐兔，用为食。士力能毌(通"弯"，音 wān)弓，尽为甲骑。其俗，宽则随畜，因射猎禽兽为生业，急则人习战攻以侵伐，其天性也。其长兵则弓矢(箭，音 shǐ)，短兵则刀铤(短矛，音 chán)。利则进，不利则退，不羞遁走(逃走。遁：音 dùn)。苟利所在，不知礼义。自君王以下，咸食畜肉，衣其皮革，被(同"披"，音 pī)旃裘(即"毡裘"，毛制衣服。旃：通"毡"，毛织品，音 zhān)。壮者食肥美，老者食其余。贵壮健，贱老弱。父死，妻其后母；兄弟死，皆取其妻妻

（娶女子为配偶）之。**其俗有名不讳，而无姓字。**

译　文

　　匈奴的祖先是夏后氏的后代，叫淳维。尧与舜以前，匈奴还有山戎、猃狁、荤粥等称呼，居住在北方蛮荒之地，他们随着畜牧活动而迁移。他们的牲畜以马、牛、羊为主，奇特的牲畜有骆驼、驴、骡、䮝騠、騊駼、驒騱。他们追寻着有水源和青草的地方迁徙，没有城郭这样经常居住的地方，也没有固定的农业生产，但是也有各自的领地。他们没有文字和书籍，用言语来约束行为。儿童即能骑羊，拉弓射击鸟和鼠，稍微长大就能射杀狐狸和兔子，用来当食物。成年男子都能拉开弓，成为披甲的骑兵。按照匈奴的习俗：生活宽裕、没有战事时，就跟随着畜牧而迁移，以射猎飞禽走兽为生；生活拘谨、情况紧急时，人人都练习作战，进行掠夺侵略，这是他们的天性。他们所用的长兵器是弓箭，短兵器有刀和短矛。形势有利就进攻，不利就后退，不以逃跑为羞耻。只要有利可得，就不管礼义是否允许。自君王以下，都以牲畜的肉为主食，穿皮革衣服，披着兽毛制的皮袄。强壮的人吃肥美的食物，老年人则吃剩下的食物。他们以强壮的人为高贵，以老弱的人为低贱。父亲死了，儿子则以继母为妻；兄弟死了，就娶兄弟的妻子。匈奴人有名却无避讳，没有姓和字。

理　解

　　本篇出自《史记·匈奴列传》，讲述了匈奴的历史源起与生活习俗。

　　匈奴的祖先淳维是夏后氏的后代，后来到了北方草原，逐渐成为一支强大的游牧民族。匈奴民族凶悍好战，擅长骑射，不讲礼仪。在中华民族的历史中，匈奴与中原政权发生过无数次的交锋，尤其在西汉，匈奴屡次进犯边境，对西汉政权造成了巨大的威胁,影响了古代中国的历史进程。

国 学 常 识

1.夏后氏:氏族名称,禹曾是夏后氏的首领。

2.淳维:人名,匈奴的始祖。

3.唐虞:尧与舜的并称。"唐"为陶唐氏,尧是陶唐氏的首领,所以尧又称为"唐尧";舜是有虞氏的首领,所以舜又叫作"虞舜"。

4.山戎:古代中国北方的一支强大的少数民族。

5.名讳:中国古人为了表示尊重,遇到君主、长辈或所尊敬的人的名,不去直呼。

第二十七课
飞将军李广

　　李将军广者,陇西成纪人也。其先曰李信,秦时为将,逐得燕太子丹者也。故槐里,徙(迁移,音xǐ)成纪。广家世世受射。孝文帝十四年,匈奴大入萧关,而广以良家子从军击胡,用善骑射,杀首虏(俘获,音lǔ)多,为汉中郎。广从弟李蔡亦为郎,皆为武骑常侍,秩(古代官吏的俸禄)八百石。尝从行,有所冲陷折关及格(斗杀,搏杀)猛兽,而文帝曰:"惜乎,子不遇时!如令子当高帝时,万户侯岂足道哉!"

　　广居右北平,匈奴闻之,号曰"汉之飞将军",避之数岁,不敢入右北平。

　　广廉,得赏赐辄(总是,就,音zhé)分其麾下(本指旗下,借指将帅的部属。麾:指挥用的旗子,比喻将帅,音huī),饮食与士共之。终广之身,为二千石四十余年,家无余财,终不言家产事。广为人长,猿臂,其善射亦天性(人先天具有的品质或性情)也,虽其子孙他人学者,莫能及广。广讷(语言迟钝)口少言,与人居则画地为军陈(战阵,行列),射阔狭以饮。专以射为戏,竟(终了,完毕)死。广之将兵,乏绝之处,见水,士卒不尽饮,广不近水,士卒不尽食,广不尝食。宽缓不苛,士以此爱乐为用。

太史公曰:《传》(解说经义的文字,这里指《论语》,汉代将《论语》看作是解释儒家"六经"的典籍,音 zhuàn)曰:"其身正,不令而行;其身不正,虽令不从。"其李将军之谓也。余(我)睹李将军悛悛(敦厚笃实的样子。悛:音 quān)如鄙人(居住在郊野的人),口不能道辞。及死之日,天下知与不知,皆为尽哀。彼其忠实心诚(的确)信于士大夫也。谚曰:"桃李不言,下自成蹊(小路,音 xī)。"此言虽小,可以谕(同"喻",比方)大也。

译　文

李广将军,是陇西郡成纪县人。他的先祖叫李信,秦朝时任将军,当年追获了燕国太子丹。他的家乡在槐里县,后来迁到成纪县。李广家世代传习射箭之术。孝文帝十四年,匈奴大举入侵萧关,李广以良家子弟的身份参军抗击匈奴,因为他善于骑马射箭,斩杀敌人首级和俘获敌人的数量众多,所以被任命为汉朝的中郎。李广的堂弟李蔡也被任命为中郎。二人又都任武骑常侍,俸禄八百石粮食。李广随从皇帝出行,曾有冲锋陷阵、攻破敌军,以及格杀猛兽的事,文帝说:"可惜啊！你没有遇到好的时机,如果你生在汉高祖的时代,封个万户侯不在话下啊!"

李广驻守右北平郡,匈奴听到后,称他为"汉朝的飞将军",躲避他好几年,一直不敢入侵右北平郡。

李广为官清廉,得到赏赐就分给他的部下,饮食与士兵在一起。李广一生,享受二千石俸禄四十多年,家中却没有多余的财物,始终也不谈家产方面的事。李广身材高大,两臂如猿,他善于射箭也是天赋,即使是他的子孙或外人向他学习,都没有能赶上他的。李广语言迟钝,说话不多,和别人在一起就在地上画军阵,然后比射箭,按射中的疏密程度来罚喝酒。他专门以射箭为消遣,一直到死都这样。李广带兵,遇到缺粮断水的情况,当见到水时,士兵还没有全部喝到水,李广就不去靠近水,士兵还没有全部吃上饭,李广就不去吃饭。李广对士兵宽厚而不苛刻,士兵因此爱戴他,乐于为他所用。

太史公评价他说:《论语》里说,"在上位的人自身行为端正,不下命令事情也能执行;自身行为不端正,下了命令也没人听从"。李将军就是这样的人。在我看来,李将军忠厚老实得像个乡下人,不善于讲话。在他死的那天,天下人无论认识他的还是不认识他的,都为他竭尽哀思。他那忠实的心确实得到了士大夫们的信赖!谚语说:"桃树李树不会讲话,树下却自然被人踩出一条小路。"这句话虽然说的是小事,但可以用来比喻大道理。

理 解

本篇出自《史记·李将军列传》,描绘了飞将军李广的性情爱好,记载了李广的英雄事迹。"桃李不言,下自成蹊"这个成语就出自于此篇文章,意思是:桃树和李树不主动招引人,但因它有花和果实,人们在它们下面走来走去,便走成了一条小路。司马迁用它来赞美李广品德高尚,诚实正直,从来不自我夸耀,却受到人们的尊重和敬仰。

国 学 常 识

1.燕太子丹:姓姬,名丹,战国末期燕国太子,曾组织暗杀过秦王嬴政。

2.孝文帝:即汉文帝刘恒,公元前180—前157年在位,西汉的第五位皇帝。汉文帝曾经亲自为母亲尝药,深具孝心,所以死后谥曰"孝文皇帝"。

3.萧关:中国古代历史上著名的关隘,是中原政权抗击西北游牧民族进犯的前哨。

4.中郎:古代武官,主要管理车、骑,担任宫中护卫、帝王近侍。

5.胡:中国古代称北方和西方民族为胡,如对匈奴、西域诸国都称胡。

6.从弟:古人以共祖父而不共父亲又年幼于己的同辈男性为从弟,相当于今天的"堂弟"。

7.武骑常侍:官名,皇帝近侍护卫之一,车驾游猎,常侍左右。

8.万户侯:汉代侯爵最高的一层,食邑万户以上,后来泛指高官贵爵。

第二十八课
相如与文君

　　司马相如者,蜀郡成都人也,字长卿。少时好读书,学击剑,故其亲名之曰犬子。相如既(已经,完成)学,慕蔺相如之为人,更名相如。以赀(财货,音 zī)为郎,事孝景帝,为武骑常侍,非其好也。会(恰巧,正好)景帝不好辞赋,是时梁孝王来朝,从游说之士齐人邹阳、淮阴枚乘、吴庄忌夫子之徒,相如见而说(音 yuè)之,因病免,客游(游历外地)梁。梁孝王令与诸生(读书人)同舍,相如得与诸生游士居数岁,乃著子虚之赋。

　　会梁孝王卒,相如归,而家贫,无以自业。素(向来)与临邛(音 qióng)令(古代政府某部门或机构的长官)王吉相善,吉曰:"长卿久宦游(外出做官)不遂(称心如意),而来过我。"于是相如往,舍都亭。临邛令缪(假装)为恭敬,日往朝(拜见)相如。相如初尚见之,后称病,使从者谢吉,吉愈益谨肃。临邛中多富人,而卓王孙家僮(奴婢,音 tóng)八百人,程郑亦数百人。二人乃相谓曰:"令有贵客,为具(准备饭菜和酒食)召之。"并召令。令既至,卓氏客以百数。至日中,谒(请,请求,音 yè)司马长卿,长卿谢病不能往,临邛令不敢尝食,自往迎相如。相如不得已,强(勉强,音 qiǎng)往,一坐尽倾(成语,满座倾慕)。酒酣,临邛令前奏(奉献,送上)琴曰:"窃闻长卿好之,愿以自娱。"相如辞谢,为鼓一再行(奏乐一两曲。鼓:演奏。行:古代诗歌的一种体裁,这里指曲子,音 xíng)。是时卓王孙有女文君新寡,好音,故相如缪与令相重,而以琴心挑之。相如之临邛,从车骑,雍容闲雅(成语,形容仪态温文尔雅),甚都(美好,音 dū);及饮卓氏,弄琴,文君窃从户窥之,心悦而好之,恐不得当(相称,相配)也。既罢,相如乃使人重赐文君侍者通殷勤(情意深厚)。文君夜亡奔相如,相如乃与驰归成都。家居徒(只,仅仅)四壁立。卓王孙大怒曰:"女至不材,我不忍杀,不分一钱也。"人或谓王孙,王孙终不听。文君久之不乐,曰:"长卿第(尽管,只管)俱如(到,往)临邛,从昆弟(兄弟)假贷犹足为生,何至自苦如此!"相如与俱之临邛,尽卖其车骑,买一酒舍酤酒(卖酒。酤:音 gū),而令文君当炉(同"垆",古代酒店放置酒坛的土台子)。相如身自著(同"着",穿着,音 zhuó)犊鼻裈(一种齐膝的短裤。裈:裤子,音 kūn),与保庸(亦作"保佣",指受雇用的仆役)杂作,涤器于市中。卓王孙闻而耻之,为杜门不出(成语,关闭门户,不外出与人交往接触。杜:堵塞)。昆弟诸公更谓王孙曰:"有一男两女,所不足者非财也。今文君已失其身于司马长卿,长卿故倦游,虽贫,其人材足依也,且又令客,独奈何相辱如此!"卓王孙不得已,分予文君僮百人,钱百万,及其嫁时衣被财物。文君乃与相如归成都,买田宅,为富人。

译　文

司马相如是蜀郡成都人,字长卿。少年时,他喜欢读书,也学习剑术,所以他父母给他起了一个乳名叫犬子。司马相如完成学业后,仰慕蔺相如的为人,就改名为相如。司马相如凭借家中的财富得到了郎官之职，侍卫汉景帝，做了武骑常侍，但这并不是他的爱好。汉景帝不喜欢辞赋，这时梁孝王来朝见景帝，跟随他来的善于游说的人有齐人邹阳、淮阴人枚乘和吴人庄忌等，相如见到他们就很喜欢，因此就借生病为由，辞掉官职，在梁国游历。梁孝王让司马相如与读书人居住在一起，相如得以与梁国学士和游说之士相处数年，写作了《子虚赋》。

　　赶上梁孝王去世，相如只得返回成都，但是家境已然贫寒，又没有可以维持生计的职业。司马相如一向与临邛县令王吉关系很好，王吉说："你长期外出做官，但不顺心，到我这里来吧。"于是相如前往临邛，住在城内的一家旅馆中。临邛县令表现出恭敬的样子，每天都来拜访相如。相如一开始还见他，后来就谎称有病，让随从谢绝了王吉的拜访，王吉表现得更加谨慎恭敬了。临邛县里的富人多，如卓王孙家里的奴婢有八百人，程郑家也有数百人。二人相互商量说："县令有贵客，我们备办酒席来宴请他。"一并把县令也请来了。县令来到后，卓王孙家里的客人已经有上百了。到了中午，去请司马长卿，长卿推托有病，不能前来，临邛令见相如没有来，不敢进食，于是亲自去迎接相如。相如不得已，勉强前往，一来到就让满座倾慕。酒兴正浓时，临邛令上前给相如送上一把琴，说："我听说长卿喜欢弹琴，希望能弹奏一曲。"相如辞谢一番，便弹奏了一两支曲子。此时，卓王孙有个女儿叫文君，刚守寡不久，喜欢音乐，所以相如假装与县令相互敬重，而用琴声挑动她的爱慕之情。相如在临邛，出行时车马跟随其后，仪表堂堂，温文尔雅，形象甚是美好；待到卓王孙家里喝酒、弹奏琴曲时，卓文君偷偷地从门缝里看他，心中高兴且喜欢他，害怕自己配不上他。宴会完毕，相如托人以重金赏赐文君的侍者，以此向她转达爱慕之情。于是，文君乘着夜晚逃出家门，私奔相如，相如便同文君急忙赶回成都。相如的家里只有四面墙壁，一贫如洗。卓王孙得到消息后，大怒道："女儿太不成材，我不忍心伤害她，但也不会分给她一分钱。"有人劝说卓王孙，但他始终不肯听。过了好久，文君感到不快乐，说："你只管同我一起去临邛，向兄弟们借贷也完全可以维持生活，何必让自己这般受苦呢！"于是相如同文君一起回到临邛，把自己的车马全都卖了，买下一家酒店卖酒，并且让文君在酒台前给客人盛酒。相如自己穿着短裤,与雇工们一起干活,在闹市中洗涤酒器。卓王孙听到后感到耻辱,因而闭门不出。卓文君的兄弟和长辈交相劝说卓王孙,说:"你只有一个儿子和两个女儿,家里并不缺少钱财。如今文君已经成了司马长卿的妻子,长卿本来已经厌倦了离家奔波的生活,虽然贫穷,但他的才能完全可以让文君有所依靠,而且他又是县令的贵客,为什么要这样轻视他呢!"卓王孙不得已,只好分给文君奴仆一百、钱一百万,以及出嫁的衣服被褥和各种财物。文君于是同相如回到成都,买了田地房屋,成为富有的人家。

理　解

本篇出自《史记·司马相如列传》,讲述了西汉文学家司马相如的部分生平与他和卓文君之间的爱情故事。汉语中有许多成语和典故都出自于此篇文章,如琴挑文君、坐上琴心、雍容闲雅、文君当垆、相如涤器、文君新寡、家徒四壁、杜门不出等。

司马相如与卓文君的爱情是纯洁的,不受外在的财富影响,但是爱情毕竟也要落实到现实的生活中,如果没有一定的经济基础,爱情的美好也会受到损害。两人也曾受生活所迫,不得不放下闲适雅趣的生活,到闹市上卖酒求活。不过,所幸的是,两人最终还是受到长辈的资助,后来,司马相如的辞赋也深受汉武帝的赏识。

在历史上,司马相如的名声和贡献主要是在文学创作上,汉代最流行的文学体裁是汉赋,而司马相如就是汉赋的奠基者和成就最高的人,被誉为"赋圣""辞宗"。

国学常识

1.卓文君:西汉临邛人,中国古代著名才女,姿色娇美,精通音律,擅长文学。

2.犬子：本为司马相如的乳名，后来人便用来谦称自己的儿子。

3.蔺相如：战国时期赵国的上卿，著名政治家、外交家，历史上著名的完璧归赵、渑池之会与负荆请罪这三个事件都与蔺相如有关。

4.梁孝王：西汉梁国诸侯王，名叫刘武，汉景帝的弟弟。

5.邹阳：西汉散文家，齐人，以文辩著称于世。

6.枚乘：西汉辞赋家，淮阴人，字叔。

7.庄忌：西汉辞赋家，吴人，世称"庄夫子"，因为避讳汉明帝刘庄，改为严忌。他的文学作品仅存《哀时命》一篇。

8.临邛：县名，处于今天四川邛崃市。

第二十九课
司马谈临终嘱托

　　是岁,天子始建汉家之封(封禅,古代帝王在泰山上筑坛祭天的大典),而太史公留滞周南,不得与(参加,参与,音yù)从事,发愤且卒。而子迁适(刚巧)反,见父于河、洛之间。

　　太史公执迁手而泣曰:"予先,周室之太史也。自上世尝显功名虞、夏,典(主持,主管)天官事。后世中衰,绝于予乎?汝复为太史,则续吾祖矣。今天子接千岁之统,封泰山,而予不得从行,是命也夫!命也夫!予死,尔必为太史;为太史,毋忘吾所欲论著矣。且夫孝,始于事亲,中于事君,终于立身;扬名于后世,以显父母,此孝之大也。夫天下称周公,言其能论歌文、武之德,宣周、召之风,达大王、王季思虑,爰(介词,于,从,音yuán)及公刘,以尊后稷也。幽、厉之后,王道缺,礼乐衰,孔子修旧起废,论《诗》《书》,作《春秋》,则学者至今则之。自获麟以来四百有余岁,而诸侯相兼,史记放绝。今汉兴,海内一统,明主贤君,忠臣义士,予为太史而不论载,废天下之文,予甚惧焉,尔其念哉!"

　　迁俯首流涕曰:"小子不敏,请悉论先人所次(编次,编撰)旧闻,不敢阙（空缺，遗漏，音 quē）。"卒三年，而迁为太史令，绌（汇集，音 chōu）史记石室金匮（古代国家收藏重要文献的地方。匮：存放东西的箱子，音 guì）之书。五年而当太初元年，十一月甲子朔旦冬至（将冬至日作为岁首），天历（历法）始改，建于明堂（古代天子举行大典的地方），诸神受记（接受供奉）。

太史公曰："先人有言：'自周公卒五百岁而有孔子，孔子至于今五百岁，有能绍（继承）而明之，正《易传》，继《春秋》，本《诗》《书》《礼》《乐》之际。'意在斯乎！意在斯乎！小子何敢攘（排斥，推辞）焉！"

译　文

这一年，天子开始举行汉朝的封禅典礼，而太史公被留在周南，不准参加，因此而心中郁愤，得病，将要死去。他的儿子司马迁刚巧回来，在洛阳见到父亲。

太史公拉着司马迁的手，流着泪说："我的祖先是周朝的太史。远在上古的舜和禹的时代就取得过显赫的功名，总管全国大事。后来衰落了，如今难道要断送在我的手里吗？你继承太史后，就可以延续祖先的事业了。如今天子接继汉代千年一统的大业，封禅泰山，而我不能随行，这是天命啊！是天命啊！我死了以后，你一定会做太史；成了太史，千万不要忘记我想编撰的论著啊。况且，孝从侍奉双亲开始，然后辅佐君王，最终成就自身；在历史中扬名，并光耀父母，这是最大的孝。天下之所以称颂周公，是因为他能歌颂文王和武王的功德，宣扬周公和召公时期的风纪，使人懂得太王、王季的思想，以及公刘的功业，以使始祖后稷受到后人的尊崇。在周幽王和周厉王之后，王道衰落，礼乐崩坏，孔子整理旧有的文献典籍，振兴被废弃了的王道和礼乐，评定《诗》《书》，修订《春秋》，学者至今仍以此为准则。自从鲁哀公获麟到现在有四百多年了，期间诸侯兼并混战，史书丢散，记载中断。如今汉朝兴起，海内统一，有贤明的君主和忠义的臣子，我作为太史却没有加以记载评论，废弃了国家的历史记载,我感到十分不安,你可要记在心里啊!"

司马迁低下头流着泪说:"儿子虽然不聪明,一定把前人所编次的历史整理评论完毕,不敢有丝毫缺漏。"司马谈去世后三年,司马迁成为太史令,并开始汇集国家收藏的各种历史记录。五年后,正当太初元年,将十一月甲子日的冬至作为岁首,开始改用太初历,新的历法在明堂上公布,各种神灵受到供奉。

司马迁说:"父亲生前说:'从周公去世后的五百年孔子诞生,孔子去世后到今天也有五百年了,正是需要有人来继承和彰明"六经"的时候了。'用意就在此啊!用意就在此啊! 我又怎么敢推辞呢!"

理　解

本篇出自《汉书·司马迁传》,讲述了司马谈在临终时对儿子司马迁的嘱托。

司马谈和司马迁相继为西汉的太史公,他们面对春秋以来史书丢散、记载中断的文化悲剧,自觉身上所肩负着的重大历史使命,即记载历史、传承文明、评论功过、警示后人。正是在这种使命感的推动之下,兼之于司马谈的教导和嘱托,司马迁克服万难,历经十四年,最终写成《史记》。《史记》贯通古今,记录了中华民族将近三千年的历史,是中国伟大的历史巨著、文学巨著、哲学巨著,被鲁迅誉为"史家之绝唱,无韵之《离骚》"。

国 学 常 识

1.天官:古代官名,总管全国大事。

2.河洛之间:黄河和洛河之间,即洛阳,这里曾是华夏文明的源头之一。

3.大王:太王。大:通"太"。周太王是周文王的祖父,周王朝的奠基人。

4.王季：季历,姓姬,名历,尊称为"王季""周王季",是周文王的父亲。

5.公刘：姓姬,名刘,"公"是尊称,古代周部落的杰出首领。

6.后稷：姓姬,名弃,周朝的先祖,相传他是中国农耕的始祖,尊为"五谷之神"。

7.获麟：春秋鲁哀公十四年(公元前481年)猎获麒麟,此事记载于《春秋》,孔子认为这象征着周道不兴,孔子作《春秋》至此而终。"获麟"后来也比喻著作的绝笔。

8.太初：汉武帝第七个年号,公元前104—前101年。

第三十课
独尊儒术

　　董仲舒,广川人也。少治《春秋》,孝景时为博士。下帷(放下帷幕,开课授业)讲诵,弟子传(转向授业,音 zhuǎn)以久次(年资长短)相授业,或莫见其面。盖三年不窥园,其精如此。进退容止,非礼不行,学士皆师尊之。

　　武帝即位,举贤良文学之士前后百数,而仲舒以贤良对策(古代选官时,士子针对皇帝策问,提出一套治国理政的方略)焉。仲舒曰:"《春秋》大一统者,天地之常经,古今之通谊(通义,普遍适用的道理。谊:与"义"同)也。今师异道,人异论,百家殊方,指(同"旨",意义,目的)意不同,是以上亡以持一统;法制数变,下不知所守。臣愚以为诸不在六艺之科孔子之术者,皆绝其道,勿使并进。邪辟(即邪僻,不合正道。辟:通"僻",音 pì)之说灭息,然后统纪可一而法度可明,民知所从矣。"

　　对既毕,天子以仲舒为江都相,事易王。

董仲舒是广川县人。他年轻时研究《春秋》，孝景帝时成为《春秋》经博士。他坐在帷幕的后面讲学，先入学的弟子转而给后入学的弟子授课，有的学生竟然没有见过他。董仲舒多年不看园圃，精心钻研学问到如此地步。他的举止仪容，不符合礼节的就不做，学士们都尊他为老师。

　　汉武帝即位后，先后举荐贤良、文学一百多位，董仲舒作为贤良回答皇帝的策问。董仲舒说："《春秋》推重一统，这是天地永恒的法则，是古今共通的道理。如今不同的老师传授着不同的道理，人们的议论彼此各异，诸子百家研究的方法和意旨也不同，所以处在上位的君王不能掌握统一的标准；法令制度多次改变，在下的百姓便不知道应当怎么遵守。我认为凡是不属于六艺的科目和孔子学说的，都一律禁止，不许它们同样发展。邪僻的学说消失了，然后思想可以统一，法令制度可以明晰，人民也知道如何遵从了。"

　　对策结束后，汉武帝任命董仲舒为江都相，辅佐易王。

　　本篇出自《汉书·董仲舒传》，主要讲述了董仲舒在回答汉武帝策问时提出的"罢黜百家，独尊儒术"的思想。

　　"罢黜百家，独尊儒术"，是汉代乃至中国古代重要的历史事件，影响深远。在这之后，儒家思想由过去的诸子百家学说之一上升为中国古代社会的主导思想，上到国家制度，下到百姓日常，无不贯彻着儒家的思想理念。不过，由于其他思想遭到抑制，也阻碍了学术的百花齐放，导致古代中国社会管理思想的单一化和片面化。

国 学 常 识

1.孝景帝:西汉皇帝,又称"汉景帝",汉文帝的儿子,与汉文帝一起开创了汉代"文景之治"的盛世,公元前157—前141年在位。

2.博士:古代官名,起源于战国,秦代和汉代都设有博士官,从西汉开始,博士成为学术上专通一经并从事经学传授的学官。

3.贤良文学:汉代选官取士的重要科目之一,由公卿诸侯、郡守等高级官吏举荐,送至朝廷,皇帝亲自过问,分别高下,授以官职。"贤良"侧重德行与才能,"文学"侧重经学研究。

4.《春秋》:鲁国的编年史,经过孔子修订,成为儒家"六经"之一。汉代时有三种对《春秋》解释的文本最为著名,分别是《春秋左氏传》《春秋公羊传》和《春秋穀梁传》,董仲舒所研究的《春秋》主要是《春秋公羊传》。

5.六艺:即"六经",指《诗》《书》《礼》《乐》《易》《春秋》。

6.易王:江都易王刘非,汉景帝之子。

第三十一课
候风地动仪

　　阳嘉元年，复造候风地动仪。以精铜铸成，员径(圆的直径。员：通"圆")八尺，合盖隆起，形似酒尊(同"樽"，古代盛酒的器具，音zūn)，饰以篆文山龟鸟兽之形。中有都(大，音dū)柱，傍(同"旁"，旁边，边侧)行八道，施关(事物的枢纽或重要的转折点)发机。外有八龙，首衔铜丸，下有蟾蜍，张口承之。其牙机(机械的零件)巧制，皆隐在尊中，覆盖周密无际。如有地动，尊则振龙，机发吐丸，而蟾蜍衔之。振声激扬，伺(观察，侦候)者因此觉知。虽一龙发机，而七首不动，寻其方面，乃知震之所在。验之以事，合契(符合)若神。自书典所记，未之有也。尝一龙机发而地不觉动，京师学者咸怪其无征(证明，效验)。后数日驿至，果地震陇西，于是皆服其妙。自此以后，乃令史官记地动所从方起。

　译　文

　　汉顺帝阳嘉元年，张衡再次研制候风地动仪。这个地动仪是用纯铜铸造的，直径有八尺,上下两部分相合盖住,中间凸起,形状像个大酒樽,外面用篆体文字和山龟鸟兽的图案装饰。它的内部中央有根粗大的铜柱,周围延伸出八条滑道,其中还装置了枢纽,用来拨动机件。外面镶有八条龙,龙口各含一枚铜丸,下面各有一只蟾蜍,张着嘴巴,准备接住龙口吐出的铜丸。仪器的机件制造得很精巧,都隐藏在酒樽形的仪器中,覆盖严密得没有一点缝隙。如果发生地震,仪器就会引起外面的龙震动,机关发动,龙口吐出铜丸,下面的蟾蜍就把它接住。铜丸震击的声音清脆响亮,守候机器的人因此得知发生地震的消息。地震发生时只有一条龙的机关发动,另外七个龙头不动,按照震动的龙头所指的方向去寻找,就能知道地震的方位。用实际发生的地震来检验仪器,彼此符合,灵验如神。在古籍中,尚未有这种仪器的记载。曾经,地动仪上有一条龙的机关发动了,可是当地并没有感到地震,京城的学者都奇怪它这次没有应验。几天后,驿站的文书送达了,果然在陇西地区发生了地震,于是大家都叹服地动仪的绝妙。从此以后,朝廷就命令史官根据地动仪来记录每次地震发生的方位。

理解

本篇出自《后汉书·张衡列传》,记述了候风地动仪的形状、材质、外部图案、内部设计以及主要功能,展示了中国古代的一项伟大发明。

候风地动仪由张衡发明。张衡,字平子,东汉时期伟大的科学家、发明家和文学家。候风地动仪是世界上第一架测验地震的仪器,在当时居世界领先地位。中国古代的科学技术非常发达,除了闻名于世的"四大发明"之外,纺织、冶铸、陶瓷、中医、数学、建筑、天文历法等各个方面都远超世界平均水平,对世界文明的发展做出了重大贡献。到了近代,西方科学技术逐渐超过中国,中国又反过来向西方学习,经过一百多年的努力追赶,如今的中国科技水平又重新进入世界前列。

国学常识

1.阳嘉：东汉皇帝汉顺帝刘保的第二个年号，公元 132—135 年。

2.《后汉书》：南朝宋时历史学家范晔著，记载了东汉近两百年的历史，全书共一百二十卷。

第三十二课
乐羊子妻

河南乐(音yuè)羊子之妻者,不知何氏之女也。

羊子尝行路,得遗金一饼,还以与妻。妻曰:"妾闻志士不饮盗泉之水,廉者不受嗟来之食(成语,侮辱性的施舍),况拾遗求利,以污其行乎!"羊子大惭,乃捐(丢弃)金于野,而远寻师学。

一年来归,妻跪(古人席地而坐,跪时腰伸直,示敬之意)问其故,羊子曰:"久行怀思,无它异也。"妻乃引刀趋机而言曰:"此织生自蚕茧,成于机杼(织布机。杼:音zhù)。一丝而累,以至于寸,累寸不已,遂成丈匹。今若断斯织也,则捐(舍弃)失成功,稽废(停留,荒废。稽:停留,音jī)时月。夫子(古代可以用作对自己丈夫的称呼)积学,当日知其所亡,以就懿德(美德。懿:美好,音yì)。若中道而归,何异断斯织乎?"羊子感其言,复还终业,遂七年不返。妻常躬勤养姑(古代妻子称丈夫的母亲),又远馈羊子。

097

译 文

河南乐羊子的妻子,已经不知道她是哪家的女儿了。

羊子曾在路上行走时,捡到一块别人丢失的金子,把金子给了妻子。妻子说:"我听说有志气的人不喝'盗泉'的水,清廉的人不吃讨来的食物,何况是捡来别人的失物来谋求自己的私利,以此来玷污自己的品行呢!"羊子听后十分惭愧,就把金子丢弃在野外,然后远出拜师求学去了。

一年后羊子回家了,妻子跪起身问他回来的缘故,羊子说:"出门久了想家,没有其他的事情。"妻子听后,就拿起刀快步走到织机前说道:"这些丝织品都是从蚕茧中生出,在织机上织成。一根丝一根丝地积累起来,才能达到一寸长,一寸一寸地积累起来,才能成丈成匹。现在如果割断这些正在织的织布,就无法取得最后的成功,之前所耗费的时间也都浪费了。你积累学问,应当每天都学到一些自己不懂的东西,以此来成就自己的美德。如果学了一半就回来了,那同我割断这些织布有什么区别呢?"羊子被妻子的话感动了,重新回去修完学业,七年都没有回来。妻子每日勤劳工作,赡养羊子的母亲,并资助远方求学的羊子。

理 解

本篇出自《后汉书·列女传》,讲述了乐羊子妻的故事,表现了她高尚的品德与过人的才识。

在中国古代社会的许多时候,男女是不平等的,男尊女卑的现象处处可见;然而另一方面,历史学家也专门撰写了《列女传》,记载当时女性的杰出事迹,表达出巾帼不让须眉的观念。列女,是指品行高尚的女子,是古代女子的道德典范。

国学常识

1.盗泉:古代泉名,位于今天山东泗水县,相传孔子经过盗泉,因为"盗泉"的名称,渴了却不喝。后来称不义之财为"盗泉",也以不饮盗泉来表示清廉自守。

第三十三课
潜夫王符

　　王符字节信,安定临泾人也。少好学,有志操,与马融、窦章、张衡、崔瑗(音 yuàn)等友善。安定俗鄙庶孽(妾所生的儿子),而符无外家(外祖父、外祖母家。按照古代的宗法,妾的亲属是不能与夫家往来的),为乡人所贱。自和、安之后,世务游宦,当涂(掌握大权)者更相荐引,而符独耿介(正直)不同于俗,以此遂不得升进。志意蕴愤,乃隐居著书三十余篇,以讥当时失得,不欲章显(即"彰显",表明的意思。章:同"彰")其名,故号曰《潜夫论》。其指讦(指责,揭发。讦:音 jié)时短,讨谪(探究其过失并谴责。谪:音 zhé)物情,足以观见当时风政。

译 文

　　王符,字节信,安定郡临泾县人。年少时好学,有志气操守,和马融、窦章、张衡、崔瑗等人是好朋友。安定的风习是瞧不起妾生的孩子,而王符又没有外祖父、外祖母家可以依靠,所以乡里人都瞧不起他。自从汉和帝、汉安帝之后,当时盛行在外地做官,有权势的人互相推荐人才,可是王符耿直,不流于世俗,因此未能做官。但是,他的内心蕴藏着愤懑,于是隐居在家中著书三十余篇,来讽刺当时社会的得失,他不想让自己的姓名被人家知道,所以把书名叫作《潜夫论》。书中揭发了当时的社会弊病,分析并谴责了当时的人情世故,从中足以了解当时的政治风气。

理 解

本篇出自《后汉书·王符传》,讲述了王符的生平经历以及他撰写《潜夫论》的原因,并简要概括了书中的基本思想。

王符,字节信,东汉思想家、政论家、文学家,其主要著作是《潜夫论》,书中揭示并抨击了东汉社会的诸多弊端,也表达了他扶倾救乱的社会关怀。

国 学 常 识

1.马融:字季长,东汉著名经学家,一生著书甚多,门人常有千人之多。

2.窦章:字伯向,东汉大臣,礼贤下士,甚得名誉,著有文集二卷。

3.张衡:字平子,东汉时著名的天文学家、数学家、发明家、地理学家和文学家,浑天仪、地动仪的发明者,文学作品有《二京赋》《归田赋》等。

4.崔瑗:字子玉,东汉著名的书法家,汉代草书的集大成者。

5.汉和帝:刘肇(zhào),东汉第四位皇帝,公元88—105年在位。

6.汉安帝:刘祜(hù),东汉第六位皇帝,公元106—125年在位。

第三十四课
王充论衡

　　王充字仲任,会(音 kuài)稽上虞人也。其先自魏郡元城徙焉。充少孤,乡里称孝。后到京师,受业太学,师事(以师礼对待)扶风班彪。好博览而不守章句。家贫无书,常游洛阳市肆(集市中的商店),阅所卖书,一见辄(就,音 zhé)能诵忆,遂博通众流百家之言。后归乡里,屏居(隐居。屏:隐退,音 bǐng)教授。仕(做官)郡为功曹,以数谏争(下级对上级直言规劝)不合去。

　　充好论说,始若诡异,终有理实。以为俗儒守文,多失其真,乃闭门潜思,绝庆吊之礼,户牖(门窗。户:门。牖:窗户,音 yǒu)墙壁各置刀笔(古代书写工具,在竹简上刻字,用笔记事,用刀削误)。著(撰写,写作,音 zhù,后作"著")《论衡》八十五篇,二十余万言,释物类同异,正时俗嫌疑。

 译 文

王充,字仲任,是会稽郡上虞县人。他的祖先从魏郡元城县迁徙而来。王充年

102

少时父亲就死了,乡里人都称赞他孝顺。后来到了京城,在太学里学习,拜扶风人班彪为师。他博览群书,但不死守章句。王充家里贫穷,没有钱买书,经常去逛洛阳集市上的书店,阅读那里所卖的书,看一遍就能记诵,于是通晓诸子百家的学说。后来他回到家乡,隐居下来教书。王充曾在郡里当过功曹,因为多次与上级争辩,意见不合而离去。

王充喜欢发表议论,刚一听起来,觉得很怪异,仔细想想,却有道理、有根据。他认为那些见识浅陋的儒生死守着书本上的章句,大多的理解都偏离了思想的真谛,于是闭门深思,谢绝一切庆贺、吊丧的应酬,家里的门上、窗户上和墙壁上都挂着刀和笔。他写作了《论衡》八十五篇,二十多万字,对事物种类之间的同与异作了解释,纠正了当时人们对某些事物的错误猜测。

理 解

本篇出自《后汉书·王充传》,讲述了王充的出生环境、为学方法以及他撰写《论衡》的基本情况。

王充(公元 27—97 年),字仲任,东汉哲学家。在中国思想史中,王充是一位极具反叛精神的思想家,他认为:古代典籍里记载的圣贤故事与思想并不完全是真实的,有些是虚妄的;古代典籍虚夸圣贤的事迹,充满了神话色彩;古代圣人在没有事实依据的情况下,提出一些观点,这些虽然有着伦理的目的,为了劝人向善,但是违背了常识,反而遭到人们的质疑。如当时流行的因果报应、上天用自然灾异谴告人类、鬼神作用等观念,王充认为都是虚妄的,对其一一加以批判,所以他的书叫《论衡》,即重新衡量和评判传统思想的意思。

国学常识

1.太学：汉代设立的全国最高教育机构,位于京城长安。

2.班彪：字叔皮,扶风人,东汉史学家、文学家,《汉书》作者班固的父亲。

3.章句：一种注释古代典籍的方法,研究古籍的分章分段与语句停顿。

4.功曹：古代的官职名称,主要的工作是选用人才和记录功过。

第三十五课
诸葛孔明

　　亮少有逸群(超群出众)之才,英霸之器,身长八尺,容貌甚伟,时人异焉。遭汉末扰乱,随叔父玄避难荆州,躬耕于野,不求闻达。时左将军刘备以亮有殊量,乃三顾亮于草庐之中;亮深谓备雄姿杰出,遂解带(解除自己的腰带,表示愿意结交)写诚(表达诚心。写:输送),厚相结纳。及魏武帝南征荆州,刘琮举州委质(呈献礼物,表示忠诚),而备失势众寡,无立锥之地。亮时年二十七,乃建奇策,身使孙权,求援吴会。权既宿(早先)服仰备,又睹亮奇雅,甚敬重之,即遣兵三万人以助备。备得用与武帝交战,大破其军,乘胜(胜利之后不停歇地继续干)克捷(战胜敌人),江南悉平。后备又西取益州。益州既定,以亮为军师将军。备称尊号,拜亮为丞相,录尚书事(官职,总领文书奏章。录:总领)。及备殂没(也作"殂殁",死亡。殂:死亡,音cú。没:同"殁",也指死亡,音mò),嗣子(继承王位的嫡长子)幼弱,事无巨细(成语,事情不分大小,形容什么事都管),亮皆专(统一管理)之。于是外连东吴,内平南越,立法施度,整理戎旅,工械技巧,物究其极,科教严明,赏罚必信,无恶不惩,无善不显,至于吏不容奸,人怀自厉(同"励",振奋),道

不拾遗(成语,财物遗失在路上,无人会据为己有。形容社会风气良好,人民安居乐业)**,强不侵弱,风化肃然**(恭敬的样子,这里指秩序良好、安定平静)**也**。

译 文

诸葛亮年轻时有超群出众的才华和英雄霸主的器识,身高八尺,容貌十分伟岸,当时的人们认为他与众不同。遭遇汉代末年的社会动乱,诸葛亮跟随着叔父诸葛玄到荆州避难,亲自在田间耕种,不求名声显达。这时左将军刘备认为诸葛亮有特殊的器量,于是三顾茅庐;诸葛亮也非常认同刘备的杰出才能,于是表达诚心,与他结交,两个人建立了深厚的感情。等到曹操南征荆州时,刘琮把整个荆州献给了曹操,向曹操投降,刘备却因此失去了势力,人数很少,而且没有立足之地。诸葛亮当年二十七岁,献出奇妙的策略,亲自出使孙权,向吴国求援。孙权早就敬佩刘备,又见到诸葛亮异常高雅,更加敬重,立即派遣三万兵力支援刘备。刘备得以与曹操交战,大败曹操的军队,乘胜追击,平定了江南。之后刘备又向西攻取了益州。益州平定之后,刘备任命诸葛亮为军师将军。刘备称帝后,任命诸葛亮为丞相,总领文书奏章。刘备去世后,他的儿子太小,国家无论大事小事,都由诸葛亮统一管理。于是诸葛亮向外联合东吴,向内平定南越,确立制度,严明法纪,整顿军队,制造武器、用具,技巧精湛,对事物研究极深,法令与教化严明,赏罚信用,作恶的会受到惩罚,行善的会得到表彰,官吏中容不下奸诈,人人奋发进取,路不拾遗,强者不欺负弱者,社会风气端正。

理 解

本篇出自《三国志·诸葛亮传》,概括了诸葛亮辉煌的一生,赞扬了他在军事、政治、外交以及科学研究等方面杰出的才能。

　　诸葛亮,字孔明,号卧龙,三国时期蜀国的丞相,中国杰出的政治家、军事家、外交家、文学家、发明家。他具有文韬武略,可以说是一位全能型的人才。在政治上,诸葛亮辅佐刘备,与孙权、曹操三分天下,建立了蜀国,经过诸葛亮的治理,蜀国社会安定,民风良善。在军事上,诸葛亮平定叛乱,拓土开疆,精通兵法,以少胜多,在历史上留下了如赤壁之战这样的著名战役。在外交上,诸葛亮联吴抗曹,安抚南蛮与西羌边民,展现了杰出的外交智慧。在文学上,诸葛亮留有许多诗歌与散文,尤其是他的散文,博采古今,充满正气,其中《诫子书》《出师表》皆是名篇,后人辑有《诸葛亮集》。在发明创造上,诸葛弩、孔明灯等都是他的杰作。此外,诸葛亮在音乐、医药、天文等方面皆有很深的造诣。

国 学 常 识

　　1.刘备:字玄德,东汉末年人,西汉中山靖王刘胜之后,三国时蜀汉开国皇帝。

　　2.魏武帝:即曹操,字孟德,东汉丞相,三国时曹魏政权的建立者,其子曹丕称帝后,追尊为"魏武帝"。

　　3.刘琮:东汉末年荆州牧刘表之子,刘表死后继承刘表统治荆州,曹操南下时,投降曹操。

　　4.吴会:东汉时的会稽郡,今天绍兴的别称。

　　5.《三国志》:西晋史学家陈寿所著,记载三国时期的魏、蜀、吴的历史,与《史记》《汉书》《后汉书》合称为"二十四史"中的"前四史"。

第三十六课
赤壁之战

　　时刘备为曹公所破,欲引(退却)南渡江,与鲁肃遇于当阳,遂共图计(计谋,计划),因进住(同"进驻",指军队开进某地并驻扎下来)夏口,遣诸葛亮诣(拜见)权。权遂遣瑜及程普等与备并力逆曹公,遇于赤壁。时曹公军众已有疾病,初一交战,公军败退,引次(临时驻扎)江北。瑜等在南岸。瑜部将黄盖曰:"今寇众我寡,难与持久。然观操军船舰首尾相接,可烧而走(逃跑)也。"乃取蒙冲(一种古代战船,速度快,可用于突击;船身用生牛皮覆盖,防御性强;有弩窗和矛穴,具有作战能力)斗舰(古代的大战船)数十艘,实以薪草,膏(油脂)油灌其中,裹以帷幕,上建牙旗(立于军营前的将军大旗,旗杆上用象牙作装饰),先书报曹公,欺以欲降。又豫备(也作"预备")走舸(古代一种形体较小、行驶快捷的战船。舸:音gě),各系大船后,因引次俱前。曹公军吏士皆延颈观望,指言盖降。盖放诸船,同时发火。时风盛猛,悉延烧岸上营落(军营,营寨。落:聚居的地方)。顷之,烟炎张(布满,充满)天,人马烧溺死者甚众,军遂败退,还保南郡。备与瑜等复共追。曹公留曹仁等守江陵城,径自(直接行动)北归。

译　文

当时,刘备被曹操打败,想向南方撤退,渡过长江,与鲁肃在当阳相遇,共商抗曹大计,刘备的军队也因此进驻夏口,并派诸葛亮前去拜见孙权。孙权于是派周瑜与程普等与刘备合力迎击曹操,两军相战于赤壁。当时曹操军队中的不少士兵得了疾病,刚一交战,曹军败退,在长江北岸驻扎。周瑜等在长江南岸驻扎。周瑜的部将黄盖说:"如今敌军多,我军少,难以与之相持太久。然而我观察曹军战船首尾相接,可以用火攻使之败逃。"于是周瑜派出几十艘战船,船内装满柴草,油脂灌在其中,外面罩上帷幕,上面插上牙旗,先让黄盖给曹操写信,欺骗他说要来投降。周瑜同时又预备了一些轻便快捷的小船,分别系在大船的后面,于是依次离开向曹军驶去。曹操军中官兵都伸长脖子观望,指着来船说是黄盖投降了。待到靠近时,黄盖解开各小船,同时将大船点火。当时风势很猛,大火蔓延至岸上的曹军营寨。片刻之间,烟火满天,曹军人马被烧死、淹死的不计其数,于是全军败退,返回到保南郡。刘备与周瑜等又合力追击。曹操留下曹仁等驻守江陵城,自己直接退回了北方。

理　解

本篇出自《三国志·周瑜鲁肃吕蒙传》,简要地讲述了中国历史上著名的赤壁之战的过程。

赤壁之战发生在东汉末年,孙权与刘备联合起来共同对抗曹操,在长江边的赤壁这个地方发生了一次大规模的战役。这场战役之所以著名,一方面是因为孙权与刘备善于使用计谋,以少胜多、以弱胜强,另一方面是因为这场战役奠定了三国鼎立的基础。赤壁之战以孙权和刘备胜利、曹操战败为结果,曹操退回北方,给孙权和刘备的发展创造了时机,孙权在东吴的疆域稳定下来,刘备的势力在西南也逐渐得到巩固,天下三分的局势由此形成。

国 学 常 识

1.鲁肃:字子敬,东汉末年著名的外交家、战略家,他对三国的形成以及吴国的
建立起到重要的推动作用。

2.孙权:字仲谋,三国孙吴政权的建立者,吴国的开国皇帝。

3.周瑜:字公瑾,东汉末年孙吴的杰出将领。

4.程普:字德谋,东汉末年孙吴的杰出将领。

第三十七课
孔融访客

　　孔文举年十岁,随父到洛。时李元礼有盛名,为司隶校尉,诣门者,皆俊才清称(有美誉、名望的人)及中表亲戚乃通。文举至门,谓吏曰:"我是李府君亲。"既通,前坐。元礼问曰:"君与仆(古代男子对自己的谦称)有何亲?"对曰:"昔先君仲尼与君先人伯阳有师资之尊,是仆与君奕世(累世,代代)为通好也。"元礼及宾客莫不奇之。太中大夫陈韪(音wěi)后至,人以其语语之,韪曰:"小时了了(聪慧),大未必佳。"文举曰:"想君小时,必当了了。"韪大踧踖(恭敬而不安的样子。踧:音cù。踖:音jí)。

译 文

　　孔融十岁时,随他父母到了洛阳。当时李元礼声名显赫,任司隶校尉,来到他家的,不是才子名士,就是自家亲戚,其他人都不给通报。孔融来到他家门口,对门吏说:"我是李大人的亲戚。"门吏通报后,孔融进屋就座。李元礼问道:"您和我有什么亲戚关系?"孔融回答说:"过去我的祖先孔子曾经拜您的祖先老子为师,所以

111

我与您是老世交了。"李元礼与宾客们都觉得他是奇才。这时,太中大夫陈韪晚到,别人把孔融的应答告诉了他,陈韪说:"小时候聪慧,长大后未必出众。"孔融说:"你小时候,想必是很聪明的了。"陈韪听了后,感到很难为情。

理　解

本篇出自《世说新语·言语》,记述了孔融小时候机变应答的趣事。《世说新语》记载了汉末、三国和魏晋时期诸名士的逸闻轶事。魏晋名士,是中国历史上一种独特的文化现象,他们大多受到道家思想影响,冲破儒家礼教的束缚,不循规蹈矩,强调精神自由,狂放不羁,在艺术、哲学、文学等方面取得高超的成就,时至今日,也难以企及。

国 学 常 识

1.孔融:姓孔,名融,字文举,汉代末年的名士,著名文学家,"建安七子"之一,孔子二十四世孙,曾任北海相,时称"孔北海"。

2.李元礼:名膺,字元礼,东汉人,出仕之初因孝廉被举荐,有才华,为官后礼贤下士,为官清正。

3.司隶校尉:汉代官名,监督京师和地方的监察官。

4.中表亲戚:古代称父系血统的亲戚为"内"或"中",称父系血统之外的亲戚为"外"或"表"。中表亲戚,是内外亲戚的统称。

5.伯阳:即老子,老子号"伯阳父"。

6.太中大夫:官名,掌论议。

第三十八课
竹林七贤

　　陈留阮籍、谯(音 qiáo)**国嵇康、河内山涛三人年皆相比**(相近,差不多),**康年少亚**(次于,差一点)**之。预**(通"与",参与的意思)**此契**(相投,相合)**者,沛国刘伶、陈留阮咸、河内向秀、琅邪**(古代郡名,在今天山东一带。邪:古同"玡",亦作"琊",音 yá)**王戎。七人常集于竹林之下,肆意**(任性)**酣畅**(饮酒尽兴),**故世谓"竹林七贤"。**

译 文

　　陈留郡的阮籍、谯国的嵇康和河内郡的山涛,这三个人年纪差不多,嵇康的年纪比他们稍小一些。与他们性情投合的还有沛国的刘伶、陈留郡的阮咸、河内郡的向秀、琅玡郡的王戎。七个人经常在竹林中聚会,开怀畅饮,所以人们称他们"竹林七贤"。

理 解

　　本篇出自《世说新语·任诞》。在三国曹魏时期,嵇康、阮籍、山涛、向秀、刘伶、王戎和阮咸七人常常聚在山阳县的竹林之下,饮酒作歌。当时政治黑暗,正义之士纷纷遭到残害。这七人才华横溢,为当时名士,他们反对当政者利用儒家礼教来维护统治,崇尚道家,主张超越礼教,顺应自然,尊重天性,自在放达,引领了魏晋时期的士风与学风。"竹林"既是七人常常聚会的地方,又与庙堂相对,象征着他们对世俗政治的摒弃与对自然的崇尚。

国 学 常 识

　　1.《世说新语》:又称《世说》,作者是南北朝刘宋时期的刘义庆,书中记述了东汉末年至东晋时文人学士的言谈轶事。

第三十九课
郑玄家婢

　　郑玄家奴婢皆读书。尝使(派,差遣)**一婢,不称旨**(意思,意图,也指上级的命令)**,将挞**(用鞭棍等打人)**之。方**(正当)**自陈说,玄怒,使人曳著泥中。须臾**(一会儿)**,复有一婢来,问曰:"胡**(疑问词,为什么)**为乎泥中?"答曰:"薄言**(急急忙忙)**往愬**(同"诉",音sù)**,逢彼之怒。"**

 译　文

　　郑玄家的奴婢都读书。一次,郑玄使唤一个婢女做事,事情干得不称心,郑玄要打她。她还想分辩,郑玄生气了,叫人把她拉到泥里。一会儿,另一个奴婢走来,问她:"胡为乎泥中?"她回答说:"薄言往诉,逢彼之怒。"

 理　解

本篇出自《世说新语·文学》,通过郑玄家奴婢的一个趣事,说明郑玄的文学造诣很深,此中也能见到古人的雅致。

　　郑玄是汉代大文学家,连他家的奴婢都熟习文学,日常对话不离诗文。"胡为乎泥中"一句,引自《诗经·邶风·式微》,意思是,为什么滚在泥中?"薄言往愬,逢彼之怒"一句,引自《诗经·邶风·柏舟》,意思是,我急急忙忙地去诉苦,正巧碰到他发火。

国学常识

　　1.郑玄:字康成,又叫"郑康成",东汉人,著名的经学家。他遍注群经,精通历算,是东汉大经学家马融门下最得意的弟子。

　　2.《诗经》:中国第一部诗歌总集,收集了西周初年至春秋中叶的诗歌,经孔子删定之后,共三百零五篇,列为"五经"之一。

第四十课
名士谢安

　　谢安字安石,尚(谢尚)从弟(堂弟)也。父裒(谢裒。裒:音 póu),太常卿(官职名,掌天子祭祀、礼仪)。安年四岁时,谯郡桓彝(音 yí)见而叹曰:"此儿风神(风采,神态)秀彻(清秀明达),后当不减王东海。"及总角(童年,古代未成年儿童,编扎头发,形如两角),神识(精神,智慧)沈(同"沉",沉着)敏,风宇(风度,气派)条畅(舒畅),善行书。弱冠(男子二十岁加冠,表示成人,但体还未壮,故称"弱冠")诣王濛(音 méng),清言(魏晋时流行谈论玄理)良久。既去,濛子修曰:"向(刚才)客何如大人?"濛曰:"此客亹亹(形容言谈有魅力。亹:音 wěi),为来(未来)逼(强过,胜过)人。"王导亦深器之。由是(因此)少有重名(盛名,很大的名望)。

　　安少有盛名,时多爱慕。乡人有罢中宿县者,还诣安。安问其归资,答曰:"有蒲葵扇(俗称蒲扇,用蒲葵叶制成的扇)五万。"安乃取其中者捉之,京师士庶(百姓,平民)竞市(买),价增数倍。

　　安本能为洛下(洛阳)书生咏,有鼻疾,故其音浊(声音低沉粗重),名流爱其咏而弗能及,或手掩鼻以学之。

117

谢安字安石，东晋名士谢尚的堂弟。父亲是谢裒，东晋元帝时的太常卿。谢安四岁时，谯郡的桓彝见到他后感叹道："这孩子风采清秀，神态明达，以后不会输于王东海。"到了童年时，谢安沉着机敏，风度舒畅，擅长行书。二十岁时，谢安前往拜见王濛，与他谈论了很久的玄理。谢安离开后，王濛的儿子王修问："父亲，刚才那个人怎么样？"王濛说："这个人在谈论时很有魅力，将来一定会很出众。"王导也非常器重他。由此，谢安在小的时候就有很大的名望。

谢安在年轻的时候就名声显赫，当时有许多人爱慕他。有个同乡要罢去中宿县的官回家，走之前拜访谢安。谢安问他有没有路费，这人回答说："我有五万把蒲葵扇。"于是谢安在其中取出一把拿在手中，京城里的士大夫和老百姓看到后都竞相购买，价格涨了好几倍。

谢安本来就会用洛阳腔念书吟诗，不过谢安有鼻炎，所以吟诗时声音低沉，名士们都爱听他吟诗，却赶不上他，有人便用手堵着鼻子来学他发音。

本篇出自《晋书·谢安传》，介绍了谢安的家庭情况与少年时的出众才华，又通过谢安的两个小故事，表现了当时文人百姓对他的崇拜。在其中，我们也可以窥见魏晋那独特文人情怀的风尚。

魏晋时期，有许多杰出的文人，他们崇尚自然，不拘礼法，不务世事，追求精神自由，隐逸超然，形成了一种独特的文化现象，在审美趣味和人格塑造上对后来的中国文人产生很大影响。

国 学 常 识

1.谢安:字安石,东晋政治家、名士,今河南太康人。

2.谢尚:字仁祖,东晋将领、名士,精通音律,擅长舞蹈和书法,谢安的堂兄。

3.谢衷:字幼儒,东晋元帝的太常卿、吏部尚书,谢安的父亲。

4.桓彝:字茂伦,东晋谯郡人,任安东将军、中书郎、尚书吏部郎和散骑常侍。

5.王东海:王承,字安期,东晋初年名士,曾任东海太守,为政清简、宽容,人称"王东海"。

6.王濛:字仲祖,东晋名士,风雅潇洒。

7.王导:字茂弘,东晋政治家、书法家,历仕晋元帝、明帝和成帝三朝,是东晋政权的奠基人之一。

8.《晋书》:中国"二十四史"之一,唐代房玄龄等人合著,作者共二十一人,记载的历史上起三国,下至东晋。

第四十一课

神医华佗

华(用于人姓或山名，音 huà)佗字元化，沛国谯(音 qiáo)人也，一名旉(音 fū)。游学徐土，兼通数经。沛相陈珪(音 guī)举孝廉，太尉黄琬辟(征召来授予官职，音 bì)，皆不就。晓养性之术，时人以为年且(将近)百岁而貌有壮容。又精方药(药方与药性)，其疗疾，合汤(调制药剂。汤：药剂)不过数种，心解(心里领会，形容十分熟悉)分剂(分量)，不复称量(测量物体的轻重。量：音 liáng)，煮熟便饮，语其节度，舍去辄(就，音 zhé)愈。若当灸，不过一两处，每处不过七八壮(灸法术语，艾炷的计数单位，每灸一个艾炷，称为一壮)，病亦应除。若当针，亦不过一两处，下针言："当引某许(处，地方)，若至，语人。"病者言"已到"，应便拔针，病亦行(将要)差(病愈，后作"瘥"，音 chài)。若病结积在内，针药所不能及，当须刳割(切割，手术。刳：剖开，音 kū)者，便饮其麻沸散，须臾便如醉死无所知，因破取。病若在肠中，便断肠湔洗(清洗。湔：音 jiān)，缝腹膏摩，四五日差，不痛。人亦不自寤(睡醒，觉悟，音 wù)，一月之间，即平复矣。

译 文

华佗,字元化,沛国谯县人,名旉。华佗在徐州求学,精通好几部经书。沛国相陈珪因为华佗的品行好而举荐他做官,太尉黄琬征召他来授予官职,他都没有去。他通晓养生之术,当时人们认为他的年龄已经接近百岁,但容貌仍然健朗。华佗还精通各种药方与药性,在治疗疾病时,只用几种药材就可以调制出药剂,对剂量十分熟悉,一抓即用,不再称量,煮熟了给病人饮用,再交代一下注意事项,刚刚离开病人的家,患者的病就有了好转。如果需要艾灸,不过灼一两处穴位,每一处不过七八次,病也就好了。如果需要针法治疗,也不过一两处,下针时说:"扎针时当达到某处会有胀麻的感觉,如果到了,告诉我。"病人说"已经到了",华佗便拔出针,病也就快好了。如果病积结在体内,针灸与药物的效果都不能达到,需要动手术,他便让病人服用麻沸散,片刻间病人就好像醉死一般,没有了知觉,于是动刀割取。病如果在肠中,便要割开肠子清洗,然后敷上膏药,缝好伤口,四五日就能见好,病人不会觉得疼痛。不知不觉一个月左右,疾病就痊愈了。

理 解

本篇出自《三国志·方技传》。方技是对中国古代医学、占卜、星相等各类技术的统称,这篇文章记述了华佗的医术。

华佗是东汉末年著名的医学家,是外科麻醉剂麻沸散与养生功五禽戏的发明者,被后人称为"外科圣手""外科鼻祖",后人多用"神医华佗"称呼他,又以"华佗再世""元化重生"来称誉有杰出医术的医生。

国 学 常 识

1.沛国谯县:今安徽亳(bó)州。

2.举孝廉:汉代选拔官吏的科目,重在对品行的考察。

3.针灸:中医的治疗方法之一,是针法和灸法的合称。针法是用针刺入人体一定的穴位,再运用特殊的手法来对人体特定部位进行刺激。灸法是用艾叶等制成艾炷或艾卷,点燃以温灼人身的穴位。

4.麻沸散:古代使用的一种外科手术麻醉剂,传说由华佗创制。

5.膏摩:中医的一种疗法,将中药膏剂涂在治疗部位上,再施以推拿按摩等手法。

第四十二课
武圣关羽

关羽字云长，本字长生，河东解人也。亡命奔涿(音 zhuō)郡。先主(开国国君，这里指蜀国开国君王刘备)于乡里合徒众，而羽与张飞为之御侮(抵抗外来欺侮)。先主为平原相，以羽、飞为别部司马，分统部曲。先主与二人寝则同床，恩若兄弟。而稠人广坐(人很多的地方，即公共场合。稠人：众人。广坐：众人聚坐的场所)，侍立终日，随先主周旋(古代行礼时进退揖让的动作，引申为应酬、交际)，不避艰险。先主之袭杀徐州刺史车胄(音 zhòu)，使羽守下邳城，行太守事，而身还小沛。

建安五年，曹公东征，先主奔袁绍。曹公禽(通"擒"，捕捉)羽以归，拜为偏将军，礼之甚厚。绍遣大将颜良攻东郡太守刘延于白马，曹公使张辽及羽为先锋击之。羽望见良麾盖(将帅用的旌旗和马车的伞盖)，策马刺良于万众之中，斩其首还，绍诸将莫能当者，遂解白马围。曹公即表(启奏皇帝)封羽为汉寿亭侯。初，曹公壮(赞赏，钦佩)羽为人，而察其心神无久留之意，谓张辽曰："卿(古代上级对下级的称呼，带有尊敬的意思)试以情问之。"既而(不久)辽以问羽，羽叹曰："吾极知曹公待我厚，然吾受刘将军厚恩，誓以共死，不可背之。吾

123

终不留,吾要当立效以报曹公乃去。"辽以羽言报曹公,曹公义之。及羽杀颜良,曹公知其必去,重加赏赐。羽尽封其所赐,拜书(写信给别人,表示对别人敬意的用词)告辞,而奔先主于袁军。左右欲追之,曹公曰:"彼各为其主,勿追也。"

羽尝为流矢(飞箭)所中,贯其左臂,后创虽愈,每至阴雨,骨常疼痛。医曰:"矢镞(箭头,音zú)有毒,毒入于骨,当破臂作创,刮骨去毒,然后此患乃除耳。"羽便伸臂令医劈之。时羽适(正好,恰好)请诸将饮食相对,臂血流离,盈于盘器,而羽割炙(烤熟的肉食)引酒,言笑自若(有说有笑,如同平日,形容在异常的情况下神态自然)。

译 文

关羽,字云长,本字长生,河东郡解县人。逃命到涿郡。刘备在乡里召集兵马,关羽与张飞替他抵御侵侮。刘备当平原相时,任关羽和张飞为别部司马,分管属下士兵。刘备与他们二人同床共寝,亲如兄弟。在人多广众的场合,两人整天侍立在刘备左右,跟随刘备应酬交际,不避艰险。刘备乘其不备刺杀了车胄,派关羽把守下邳城,代行太守职务,而刘备率军回驻沛县。

建安五年,曹操东征,刘备投奔袁绍。曹操擒获关羽后返回,任关羽为偏将军,对他以礼相待,赏赐优厚。袁绍派大将颜良在白马县进攻东郡太守刘延,曹操派张辽和关羽为先锋抗击颜良。关羽远远望见颜良的帅旗和车盖,策马上前刺杀颜良于千军万马之中,将其首级斩下返回,袁绍军中没有哪个将领能阻挡得了,于是解除了白马之围。曹操立即上奏朝廷封关羽为汉寿亭侯。起初,曹操钦佩关羽的气概,后来观察他的心意,发现关羽没有久留的意思,于是对张辽说:"你与关羽有些交情,设法去问问他。"不久,张辽向关羽问起此事,关羽感慨道:"我深知曹公对我情深意厚,然而我深受刘备的厚恩,发誓与他同生共死,决不能背叛他。我最终不能留在此地,我一定会立下大功报答完曹公的恩情后再离去。"张辽把关羽的话回报给曹操,曹操为他的义气感动。待关羽斩杀颜良后,曹操知道关羽一定要离开,对他的赏赐更厚重了。关羽将获得的赏赐都封裹好,留下书信告辞而去,赶往袁绍军营投奔刘备。曹操手下的人想把关羽追回来,曹操说:"大家各为其主,不必追了。"

关羽曾被飞箭射中,箭头穿透左臂,后来伤口虽然愈合了,但一遇到阴雨天气,骨头常常疼痛。医生说:"箭头有毒,毒已经渗透到骨头里,需要在臂上开刀,刮去骨头上的毒,才能彻底地清除病患。"关羽当即伸出手臂让医生开刀。当时关羽正在请众将领饮酒进餐,臂上刀口鲜血淋漓,接血的盘子都盛满了,关羽却割着肉喝着酒,有说有笑,如同平日。

理　解

本篇出自《三国志·关张马黄赵传》,介绍了三国名将关羽的事迹,表现了他英勇的气概与忠义的品质。

在《三国志》中,作者将关羽、张飞、马超、黄忠和赵云合为一传,共话五人的英雄事迹,后来小说《三国演义》称五人为"五虎上将"。在这五人中,关羽最具传奇色彩。关羽去世后,逐渐被神化,在民间被尊为"关公",清代奉为"忠义神武灵佑仁勇威显关圣大帝",崇为"武圣",与"文圣"孔子齐名,是忠、信、义、勇集于一身的道德楷模。时至今日,仍然有许多人信仰关公,关公文化、关公信仰对中国社会产生了重要影响。

国 学 常 识

1.涿郡:古代行政区划单位名称,位于今天的河北省涿州市。

2.别部司马:汉代武官名称,统领一部军队。

3.部曲:古代军队编制的单位,泛指军队。汉代军队编制分为军、部、曲、屯。

4.刺史:古代官名,负责监察郡县的官员。

5.车胄:东汉末年武将,曾任徐州刺史,后被刘备刺杀。

6.太守:古代官名,一郡的最高行政长官。

7.建安:东汉献帝的年号,具体时间是公元196—220年。汉献帝,名叫刘协,东汉最后一任皇帝。

8.偏将军:古代武官名,将军的辅佐。

9.颜良:东汉末年将军,袁绍部将。

10.刘延:东汉末年将军,曹操部将。

第四十三课
女中英才辛宪英

　　羊耽妻辛氏，字宪英，陇西人，魏侍中毗(音 pí)之女也。聪朗
(聪慧)有才鉴。初，魏文帝得立为太子，抱毗项(脖子)谓之曰："辛
君知我喜不？"毗以告宪英，宪英叹曰："太子，代君主宗庙社稷者
也。代君不可以不戚(忧愁)，主国不可以不惧，宜戚而喜，何以能
久！魏其不昌乎？"

　　其后钟会为镇西将军，宪英谓耽从子(侄子)祜(音 hù)曰："钟士
季何故西出？"祜曰："将为灭蜀也。"宪英曰："会在事纵恣(肆意妄
为。纵：放任。恣：放纵，音 zì)，非持久处下之道，吾畏其有他志也。"及
会将行，请其子琇(音 xiù)为参军，宪英忧曰："他日吾为国忧，今日
难至吾家矣。"琇固(坚定)请于文帝，帝不听。宪英谓琇曰："行矣，
戒之！古之君子入则致孝于亲，出则致节(气节，操行)于国；在职思
其所司(主管的事情)，在义思其所立，不遗父母忧患而已。军旅之间
可以济(拯救)者，其惟仁恕乎！"会至蜀果反，琇竟以全归。

　　祜尝送锦被，宪英嫌其华，反而覆之，其明鉴俭约如此。泰始
五年卒，年七十九。

译 文

　　羊耽的妻子姓辛，字宪英，陇西县人，是三国时魏国侍中辛毗的女儿。宪英聪明，有品鉴人物的才能。当初，魏文帝被立为太子的时候，搂着辛毗的脖子对他说："辛君你可知道我有多高兴吗？"辛毗把这件事告诉了宪英，宪英叹息道："太子是要继承君王统治国家的人。接替君王不可以不忧愁，主持国政不可以不畏惧，应该忧愁反而高兴，国家怎么能长久！魏国恐怕不会兴盛吧？"

　　之后钟会担任了镇西将军，宪英对羊耽的侄子羊祜说："钟会为什么到西边去？"羊祜说："为了灭掉蜀国。"宪英说："钟会处事放纵，肆意妄为，这可不是长久居于人下的作风，我怕他有别的不可告人的打算。"等到钟会将要出发的时候，钟会请求让宪英的儿子羊琇任参军，宪英忧虑地说："以前我为国家担忧，现在灾难到我家了。"羊琇坚决向文帝请求不去任参军，文帝不允许。宪英对羊琇说："去吧，一定要谨慎！古代的君子，在家中就向父母尽孝，离家后就向国家尽忠；在职位上就要想着自己所担任的工作，在道义上就要想着自己立身行事，不给父母带来忧患罢了。在军队里能够解救你的大概只有仁恕吧！"钟会到了蜀地果然反叛了，而羊琇最终完好地回来了。

　　羊祜曾经送给宪英锦被，宪英嫌锦被华丽，就反过来盖，她就是这样洞察事情、生活节俭。她在泰始五年时去世，享年七十九岁。

理 解

　　本篇出自《晋书·列女传》，讲述了女中英才辛宪英的故事。辛宪英是三国魏晋时期的著名女性，她根据曹丕的一句话推断出魏国的命运，通过对钟会行为的观察，得出他将要叛乱的预测，真是一位聪明有才、善于鉴人知事的女子。

　　在中国传统社会的许多时候，女性地位都不如男性，在经济地位、政治权力与受教育的权利上,都要远远弱于男性。然而,在三国两晋南北朝这一段时期,社会虽然动荡,不过,礼教也随之松动,加之这个时期有大批少数民族内徙,少数民族的习俗对汉族世风也产生了许多影响。在这样的背景之下,女性得到了一定程度的解放,其社会地位也得到了一定的尊重,甚至有"健妇持门户,胜一大丈夫"的说法。

国 学 常 识

1.羊耽:三国时期曹魏官员,曾任泰山太守。

2.辛毗:字佐治,三国时期曹魏大臣,曹丕当皇帝时,辛毗任侍中一职。

3.魏文帝:曹丕,字子桓,曹操的次子,曹魏的开国皇帝,公元220—226年在位,三国时期著名的政治家和文学家。

4.宗庙社稷:宗庙指祭祀祖先的场所。社稷指古代帝王诸侯所祭的土神和谷神。宗庙社稷在中国古代代表着统治者掌握的最高权力,也借指国家。

5.钟会:字士季,三国时期曹魏重要谋臣,后来在与蜀军交战中图谋反叛,因部下兵变而失败,死于乱军之中。

6.羊祜:字叔文,三国时期曹魏大臣,西晋开国元勋,著名战略家、政治家和文学家。

7.参军:官职名,负责参谋军务。

8.忠恕:儒家的重要道德原则。"忠"是指竭尽全力。"恕"是指推己及人。

9.泰始:南朝宋国皇帝宋太宗刘彧的年号,公元465—471年,历时六年。

第四十四课
书圣王羲之

  王羲之字逸少,司徒(职官名,主管教化)导之从子也。祖(祖父)
正,尚书郎(职官名,在皇帝左右处理政务)。父旷,淮南太守。元帝之
过江也,旷首创其议。羲之幼讷(语言迟钝,音 nè)于言,人未之奇。
年十三,尝谒(拜见,音 yè)周顗(音 yǐ),顗察而异之。时重牛心炙(用
牛心做的一种菜肴),坐客未啖(吃,音 dàn),顗先割啖羲之,于是始知
名。及长,辩赡(充足,音 shàn),以骨鲠(比喻正直。鲠:音 gěng)称,尤
善隶书,为古今之冠。论者称其笔势,以为飘若浮云,矫(矫健)若
惊龙。

  性爱鹅,会(音 kuài)稽有孤居姥养一鹅,善鸣,求市(买)未能
得,遂携亲友命驾(乘车出发)就观。姥闻羲之将至,烹以待之,羲之
叹惜弥日(整日)。

  又山阴有一道士,养好鹅,羲之往观焉,意甚悦,固求市之。道
士云:"为写《道德经》,当举群相赠耳。"羲之欣然写毕,笼鹅而归,
甚以为乐。其任率如此。

  尝诣(到)门生(弟子,学生)家,见棐几(棐木的案几。棐:通"榧",木

名,音 fěi)**滑净,因**(连词,于是就)**书之,真草**(真书与草书。真书:即楷书)**相半。后为其父误刮去之,门生惊懊者累日。**

又尝在戢(音 jí)**山见一老姥**(老妇人)**,持六角竹扇卖之。羲之书其扇,各为五字。姥初有愠色。因谓姥曰:"但**(只要)**言是王右军书,以求百钱邪**(语气词,同"耶",音 yē)**。"姥如其言,人竞买之。他日,姥又持扇来,羲之笑而不答。其书为世所重,皆此类也。**

译　文

王羲之,字逸少,是司徒王导的侄子。祖父王正,官至尚书郎。父亲王旷,做过淮南太守。东晋元帝司马睿过长江,迁都建康,就是王旷最先提议的。王羲之小时候不善言谈,人们看不出他有什么过人之处。十三岁那年,他去拜见名士周顗,周顗观察出他的与众不同。当时牛心炙是一道贵重的菜肴,座上的客人还没有吃,周顗先割了一块给王羲之吃,于是王羲之开始出名。长大后,王羲之善于辩论,以正直而著称,尤其擅长隶书,从古至今,无人能及。人们称赞他的书法笔势飘逸如浮云,矫健似惊龙。

王羲之生性爱鹅,会稽有一位孤寡老太太养了只鹅,叫声很好听,王羲之让人去买却没买成,于是就带着亲友乘车去观看。老太太听说王羲之要来,把鹅烹煮了招待他,为此他难过了一整天。

又有一次,山阴县有一位道士,养了一群好鹅,王羲之去观看,非常喜爱,坚持要买他的鹅。道士对他说:"你替我抄一遍《道德经》,这群鹅就全部送给你啦。"王羲之欣然提笔,写好后,就用笼子装了鹅回去了,极其快乐。王羲之的性格就是这么任性率真。

一天,王羲之到他学生家去,看见一个榧木案几光滑洁净,于是就在上面写起字来,半楷半草体。后来那位学生的父亲无意中把这些字给抹去了,他的学生懊悔了好几天。

王羲之曾经在戢山看到一位老妇人拿着六角竹扇在卖,于是在扇子上各写了五个字。老妇人起初不高兴。王羲之对她说:"你只要说是王右军写的,就能卖百钱。"老妇人按照他的话做了,果然人人都争相购买她的扇子。过了几日,老妇人又拿着扇子来找王羲之写字,王羲之笑着却没有答应。他的书法在当时很被世人看重,诸如此类的事情有很多。

本篇出自《晋书·王羲之传》,先介绍了王羲之显赫的家庭背景与他的成长过程,然后通过四则有趣的故事,展现了王羲之率真的本性与闻名于世的书法造诣。

王羲之,字逸少,东晋时期著名的书法家,有"书圣"之称,曾任右军将军,所以又称"王右军"。其代表作《兰亭序》被誉为"天下第一行书",在书法史上,他与其子王献之合称为"二王"。

国学常识

1.《道德经》:即《老子》,又称《道德真经》《老子五千文》,道家最重要的哲学经典,作者老子。

2.蕺山:历史名山,位于绍兴。

第四十五课
陶潜隐逸

　　陶潜,字元亮,大司马侃(音 kǎn)之曾孙也。祖茂,武昌太守。潜少怀高尚,博学善属文(连缀字句而成文,指写文章),颖脱不羁,任真自得,为乡邻之所贵。尝著《五柳先生传》以自况(自比,以他人比方自己)曰:"先生不知何许人,不详姓字,宅边有五柳树,因以为号焉。闲静少言,不慕荣利。好读书,不求甚解,每有会意(义理上的领悟),欣然忘食。性嗜酒,而家贫不能恒得。亲旧(亲戚和故交旧友)知其如此,或置酒招之,造(前往)饮必尽,期在必醉。既醉而退,曾(竟,乃,音 zēng)不吝情(顾念,惋惜)。环堵萧然(空寂的样子),不蔽风日,短褐穿结(形容衣服破烂),箪瓢(形容贫穷简朴的生活。箪:盛饭的竹器,音dān。瓢:舀水的容器)屡空,晏如(亦作"晏然",悠闲安适的样子)也。常著文章自娱,颇示己志,忘怀得失,以此自终。"其自序如此,时人谓之实录。

　　以亲老家贫,起为州祭酒。不堪吏职,少日(不久,没几天)自解归。州召主簿,不就,躬耕自资,遂抱羸(衰弱,音 léi)疾。复为镇军、建威参军,谓亲朋曰:"聊(姑且,暂且)欲弦歌(邑令之典,即一个县的总管），以为三径（比喻隐士居处）之资可乎？"执事者闻之，以为彭泽令。在县，公田悉令种秫谷（高粱，可用于酿酒。秫：音 shú），曰："令吾常醉于酒足矣。"妻子固请种粳（一种稻米，音 jīng）。乃使一顷五十亩种秫，五十亩种粳。素（向来）简贵，不私事上官。郡遣督邮至县，吏白（告诉）应束带（整饰衣冠）见之，潜叹曰："吾不能为五斗米折腰，拳拳（谨慎小心的样子）事乡里小人邪！"义熙二年，解印去县，乃赋《归去来兮辞》。

译　文

陶潜，字元亮，是大司马陶侃的曾孙。祖父叫陶茂，曾经担任武昌太守。陶渊明少年时清雅不俗，知识渊博，善于写文章，不受世俗礼法拘束，率真自在，被乡里邻居所看重。陶潜曾经作《五柳先生传》来形容自己，说："先生不知道是什么人，不知道姓名，房子旁边有五棵柳树，所以以此为号。他喜爱清闲安静，很少说话，不羡慕名利。他喜欢读书，不在字面意思上刨根问底，每逢对思想有所感悟，就高兴得忘了吃饭。他本性爱喝酒，可是家里穷，不能经常得到。亲朋好友知道这些，就置办酒席招他过来，他去饮酒一定会喝完，盼望着一定要醉。醉酒了就回去，不会因为离开而惋惜。他家徒四壁，不能遮阳挡雨，穿着破烂的短衫，经常吃不饱饭，而他依然悠闲安适。他经常写文章来自娱自乐，颇能显示自己的志向，不计较得失，就这样度过自己的一生。"他的自序是这样写的，当时的人说是实录。

因为亲人年迈，家里贫穷，陶潜被任命为州祭酒。他不能忍受官吏的职务，没几天就主动解除职务回家了。州里聘用他为主簿，他也不去，自己种田来养活自己，于是得了衰弱的病。他又去当镇军、建威参军，对亲戚朋友说："暂且做个县令，来供养我的生活可以吗？"管事的人听说了，任用他为彭泽令。陶潜在县里，命令公田全部种高粱，说："让我一直醉酒就够了。"妻子和孩子坚持请求种粳米。于是陶潜命令一顷五十亩种高粱，五十亩种粳米。陶潜向来清高，不喜欢繁文缛节，不私底下讨好长官。郡里派遣督邮来到他的县巡查,下属说应该整饰衣冠见督邮,陶潜叹息说:"我不能为五斗米这些俸禄而弯腰,小心谨慎地侍奉这粗鄙小人啊!"义熙二年,陶潜将官印交还,离开了彭泽县,于是作了《归去来兮辞》。

理 解

本篇出自《晋书·陶潜传》,讲述了东晋著名隐士、诗人陶渊明的故事。陶渊明,又名潜,字元亮,号"五柳先生",曾任江州祭酒、镇军参军、建威参军、彭泽县令等职。辞去彭泽县令之后,陶渊明从此归隐田园,被称为"千古隐逸之宗",他创作了许多诗赋,是中国第一位田园诗人。

陶渊明清高的品格深深影响了中国文人。他所代表的不愿与统治者同流合污、隐居避世的隐逸文化,一直存在于中国人的生活方式之中;其简单素朴、自得其乐的人生境界也一直留存在中国人的心灵深处。

国 学 常 识

1.督邮:古代各郡的重要属吏,代表太守督查县乡。

2.义熙:东晋皇帝晋安帝司马德宗的第四个年号,公元405—418年。

第四十六课
葛洪著书

　　道士弘博洽闻(博学多问。洽：广博，周遍)者寡，而意断妄说者众。至于时有好事(有某种爱好)者，欲有所修为，仓卒(急促匆忙的样子)不知所从，而意之所疑又无足谘(同"咨"，询问，音 zī)。今为此书，粗举长生之理。其至妙者不得宣(传达，表明)之于翰墨(原指笔、墨，借指文章、书画)。盖粗言较略以示一隅，冀(希望，音 jì)悱愤(形容有了一定的积累亟待启发的样子。悱：音 fěi)之徒省(明白，醒悟，音 xǐng)之，可以思过半矣。岂谓暗塞必能穷微(精深，精妙)畅远(深奥)乎？聊(姑且，勉强)论其所先觉者耳。世儒徒知服膺(衷心信服。膺：音 yīng)周孔，莫信神仙之书，不但大而笑之，又将谤毁真正。故予所著，子(相当于"只"，表示限制)言黄白之事，名曰内篇；其余驳难通释，名曰外篇。大凡内外一百一十六篇。虽不足藏诸名山，且欲缄(封，闭，音 jiān)之金匮(铜制的柜子，古代用以收藏重要的文献或文物，借指藏书。匮：同"柜"，音 guì)，以示识者。自号抱朴子，因以名书。

译　文

道士中,博学多问的少,臆测妄断的多。至于时常有热衷修行的人,想去修行,匆忙间不知从哪里学起,心中的疑难也无处解答。如今我写成这本书,大概讲了长生的道理。其中最精妙的部分无法用文章来表达。我只能粗略介绍,展示一点,希望能引起那些有了一定积累而亟待启发的人的省察,这样的人才能领悟书中的大半道理。难道说愚钝的人也一定能通晓书中精深与奥妙的道理吗?这本书也只能启发那些有悟性而先觉的人罢了。世间的儒生只知道崇信周公和孔子,不相信神仙之书,不但自大而讥笑它,还要毁谤它的真理性。我写的这本书,专谈炼丹之术的内容,名为《内篇》;其余反驳质难和疏通解释方面内容的,名为《外篇》。内外两篇总共有一百一十六篇。此书虽然不足于珍藏于名山,但也可以收存在金匮之中,以待有见识的人来观看。我自号抱朴子,所以将此书命名为《抱朴子》。

理　解

本篇出自《晋书·葛洪传》,讲述了葛洪写作《抱朴子》一书的初衷,并简要介绍了书中内容。

葛洪,东晋时的道教学者,著名炼丹家、医药学家,字稚川,自号"抱朴子",世称"小仙翁",早先做过官,后来隐居在罗浮山炼丹,著有丹书《抱朴子》、医书《肘后方》等。《抱朴子》一书总结了魏晋以来神仙家的理论,集魏晋炼丹术之大成,其中对道教神仙理论体系的建构对后世产生了深远影响。

国 学 常 识

1.道士:信奉道教、修习道术的人的通称。

2.黄白之事:黄白之术,指道家的炼丹术。

第四十七课
草圣张旭

　　旭,苏州吴人。嗜酒,每大醉,呼叫狂走,乃下笔。或以头濡(沾湿,音 rú)墨而书,既醒自视,以为神,不可复得也,世呼"张颠(通"癫",疯狂,疯子)"。

　　初,仕为常熟尉(官名,县官的副职),有老人陈牒(状子,讼辞)求判,宿昔(很短的时间)又来,旭怒其烦,责之。老人曰:"观公笔奇妙,欲以藏家尔。"旭因问所藏,尽出其父书,旭视之,天下奇笔也,自是尽其法。

　　旭自言,始见公主担夫争道,又闻鼓吹,而得笔法(写字作画时用笔的方法)意,观倡(泛指古代表演歌舞杂戏的艺人)公孙舞《剑器》,得其神。后人论书,欧、虞、褚、陆皆有异论,至旭,无非(没有别的)短者。传其法,惟崔邈、颜真卿云。

 译　文

　　张旭,苏州吴人。张旭喜爱喝酒,每次大醉,大声呼叫着狂奔,这才下笔写字。

139

他有时用头发蘸墨汁写字,醒后自己细看,以为是神的杰作,再也写不出那么好的字,世人称他为"张颠"。

起初,张旭官任常熟县尉,有个老人递上状子请求判决,没过多久又来,张旭讨厌他麻烦,斥责了他。老人说:"我看您的书法奇妙,想得到您的字收藏起来。"张旭于是问他收藏了些什么,老人拿出他父亲的书法,张旭看了后,认为这是天下最奇妙的书法,自己就仔细揣摩,尽得其法。

张旭自己说,当初看见公主与挑夫争路,又听到击鼓的音乐,由此得到书法的精意,又看了公孙大娘舞《剑器》,体会到书法的神韵。后人论书法,对欧阳询、虞世南、褚遂良、陆柬之都有不同的看法,而对张旭,没一个说不好的。能继承张旭书法的,只有崔邈与颜真卿。

理　解

本篇出自《新唐书·文艺传》,讲述了唐代著名书法家张旭的性情、得法历程及书法成就。

张旭,字伯高,一字季明,唐朝人,以草书著名,与李白诗歌、裴旻剑舞合称为"唐代三绝"。张旭为人洒脱不羁,豁达大度,极具个性,对艺术有着疯狂的热爱和追求,时称"张颠",被誉为"草圣"。张旭是中国书法史上一位极为重要的人物,他创造的狂草代表了艺术向自由表现方向发展到达了一个极致,创作更加自由,文字不可辨读,将书法演绎成抽象点泼的绘画。

国 学 常 识

1.担夫争道:书法典故,公主与担夫在羊肠小道上争路,各不相让,但又闪避行进,张旭从中领悟到书法上的结构布白、偏旁组合应进退参差有致,张弛迎让而有情。

2.公孙大娘:唐代著名民间艺人,善舞剑器,张旭与画圣吴道子都曾受到公孙大娘舞剑的启发。

3.欧阳询:字信本,唐代著名书法家,与颜真卿、柳公权、赵孟頫合称"楷书四大家",后人称其书法为"欧体"。

4.虞世南:字伯施,南北朝至隋唐时期书法家、文学家、政治家。

5.褚遂良:字登善,唐代书法家、政治家。

6.陆柬之:唐代书法家,虞世南的外甥,张旭的外祖父。

7.崔邈:五代后梁时期的书法家,张旭的弟子。

8.颜真卿:字清臣,别号应方,唐代书法家,初学褚遂良,后师从张旭,创"颜体"楷书,与柳公权合称"颜柳"。

9.《新唐书》:北宋时期宋祁、欧阳修等人合撰的一部记载唐朝历史的史书,"二十四史"之一。五代时曾有《唐书》,北宋重修,所以相对过去的《唐书》,称为《新唐书》。

第四十八课

玄奘西行

僧玄奘,姓陈氏,洛州偃师人。大业末出家,博涉经论。尝(曾经)谓翻译者多有讹谬(差错谬误。讹:音é),故就西域,广求异本以参验之。贞观初,随商人往游西域。玄奘既辩博出群,所在必为讲释论难,蕃人(我国古代对外族或异国人的泛称)远近咸尊伏(通"服",佩服,信服)之。在西域十七年,经百余国,悉解其国之语,仍采其山川谣俗,土地所有,撰《西域记》十二卷。贞观十九年,归至京师。太宗见之,大悦,与之谈论。于是诏将梵本(用梵文书写的佛经原本。梵文为印度古老的语言之一。梵:音fàn)六百五十七部于弘福寺翻译,仍敕(皇帝下命令,音chì)右仆射房玄龄、太子左庶子许敬宗,广召硕学(知识渊博)沙门(出家修行者的统称)五十余人,相助整比。

译 文

僧人玄奘,本来姓陈,是洛阳偃师县人。玄奘于大业末年出家,博览经藏与论藏。他曾经说翻译过来的佛经中有许多错误,所以就前往西域,广泛地求取不同的版本来参考验证。在贞观初年,玄奘跟随着商队一起前往西域。玄奘的辩论与学问皆超出常人,所到之处一定与当地的讲经僧人展开论辩,外族人不管远近,都尊敬佩服他。玄奘在西域生活了十七年,历经一百多个国家,全部能了解那些国家的语言,于是搜罗当地的山川、民谣、风俗,以及当地的各种事物,撰写了《西域记》,共十二卷。贞观十九年,玄奘回到唐代京都长安。唐太宗召见了他,非常高兴,和他一起谈论。于是唐太宗下诏将玄奘带回来的六百五十七部梵本经书在弘福寺进行翻译,并且下令让右仆射房玄龄、太子左庶子许敬宗两人,广泛征召了知识渊博的僧人五十多位,协助玄奘整理校对。

理 解

本篇出自《旧唐书·方伎》,讲述了玄奘法师西行求经、译经的故事。

玄奘,唐代著名高僧,唯识宗创始人,精通经、律、论三藏,被尊称为"三藏法师",与东晋时期的鸠摩罗什、南北朝时期的真谛并称为"中国佛教三大翻译家"。玄奘曾为求得原本佛经,远行西域,历尽艰险,为中国带回了非常珍贵的佛教经典。回国之后,玄奘及其弟子开办译场,长期从事翻译佛经的工作,著名汉译佛典《大般若经》《心经》《解深密经》《成唯识论》等皆出自其手,为中国佛教的传播和佛学研究做出了伟大的贡献。

国 学 常 识

1.大业:隋炀帝杨广的年号,公元605—618年。

2.经论:佛教"三藏"中的经藏与论藏。"三藏"是对佛教经典的统称,其中经藏为佛所说的经典,律藏是有关佛所制定的僧团及僧人生活律仪的经典,论藏是后人对佛典经义的论议。

3.贞观：唐太宗李世民的年号，公元627—649年。

4.《西域记》：《大唐西域记》的简称，由玄奘口述、门人辩机编集而成，成书于唐贞观二十年（公元646年），是玄奘游历西域的见闻录。

5.房玄龄：名乔，字玄龄，唐代初年杰出的政治家、宰相，曾任右仆射的官职。

6.许敬守：字延族，唐朝宰相，曾任太子左庶子的官职。

第四十九课
诗仙李白

　　李白,字太白,山东人。**少有逸才**(卓越出众的才干),**志气宏放,飘然**(潇洒不羁的样子)**有超世之心。父为任城尉,因家**(安家,定居)**焉。少与鲁中诸生**(诸多有知识学问之士)**孔巢父、韩沔**(音 miǎn)**、裴政、张叔明、陶沔等隐于徂**(音 cú)**徕**(音 lái)**山,酣歌纵酒,时号"竹溪六逸"。**

　　天宝初,**客游会稽**,与道士吴筠(音 yún)隐于剡(音 shàn)中。**既而**(不久)**玄宗诏筠赴京师,筠荐之于朝,遣使召之,与筠俱待诏翰林。白既嗜酒,日与饮徒醉于酒肆。玄宗度曲**(制作乐曲),**欲造乐府新词,亟**(急切,音 jí)**召白,白已卧于酒肆矣。召入,以水洒面,即令秉笔**(执笔为文),**顷之成十余章,帝颇嘉之。尝沉醉殿上,引足令高力士脱靴,由是斥去。乃浪迹江湖,终日沉饮。时侍御史**(古代官名)**崔宗之谪**(降职并外放,音 zhé)**官金陵,与白诗酒唱和**(音 hè)。**尝**(曾经)**月夜乘舟,自采石**(地名,采石矶,今安徽省马鞍山市西部的长江边)**达金陵**(今南京),**白衣**(穿)**宫锦袍,于舟中顾瞻**(环视)**笑傲**(形容逍遥洒脱),**傍若无人。**

初，贺知章见白，赏之曰："此天上谪仙人也。"禄山之乱，玄宗幸（古代指帝王到达某地）蜀（四川），在途以永王璘（音 lín）为江淮兵马都督、扬州节度大使，白在宣州谒（拜见，音 yè）见，遂辟（授予官职，音 bì）为从事。永王谋乱，兵败，白坐（定罪）长流（远途流放）夜郎。后遇赦（宽免罪过，音 shè）得还，竟以饮酒过度，醉死于宣城。有文集二十卷，行于时。

译　文

李白，字太白，山东人。李白年轻时有超群的才干，志向宏大，气质豪放，潇洒不羁，有超越尘世的志愿。父亲为任城县尉，于是就把家安在了任城。年轻时，李白同山东学士孔巢父、韩沔、裴政、张叔明、陶沔隐居在徂徕山，尽情地吟诗饮酒，当时被称为"竹溪六逸"。

天宝初年，李白游学到了会稽，与道士吴筠一起隐居于剡中。不久，唐玄宗征召吴筠到京城，吴筠把李白也推荐给朝廷，唐玄宗派遣使者召见李白，李白与吴筠一起任翰林供奉。李白酷爱饮酒，每天都同酒徒在酒店喝得大醉。唐玄宗创作了乐曲，想要作乐府新词，急切地召见李白，李白却已经醉卧在酒店了。唐玄宗派人把李白召入宫，用冷水浇他的脸，立即命令他写诗，不一会儿，李白就写成十余首，皇帝非常嘉许他。李白曾经大醉在金殿上，伸出脚来命令高力士给他脱靴子，因此被斥责离开长安。于是，李白开始浪迹江湖，一天到晚沉浸在酒中。当时侍御史崔宗之被贬官外放到金陵，和李白一起饮酒，吟唱对答。李白曾经趁着月色乘船，从采石前往金陵，身穿宫锦制的袍子，在船上环视四周，逍遥洒脱，旁若无人。

起初，贺知章见到李白，称赞说："李白是天上降下来的仙人。"安禄山叛乱时，唐玄宗前往四川，在途中任命永王李璘为江淮兵马都督、扬州节度使，李白在宣州拜见李璘，于是被授予官职，为李璘做事。后来李璘叛乱，兵败，李白也遭到牵连，被流放到夜郎。后来，李白的罪过受到宽免，才得以返回，最后因为饮酒过度，醉死在宣城。李白留有文集二十卷,流行于当时。

理　解

本篇出自《旧唐书·文苑列传》,讲述了中国著名诗人李白的生平事迹,展现了他豪放的性情与超群的才华,以及他坎坷的命运。

李白,字太白,号青莲居士,又号谪仙人,是唐代伟大的浪漫主义诗人,被后人誉为"诗仙"。李白为人豪爽,不拘小节,酷爱饮酒作诗。他深受道家思想影响,追求自由,有超俗出世的情怀。

国 学 常 识

1.竹溪六逸:唐代有六名文士在泰安徂徕山下的竹溪隐居,世人称他们为"竹溪六逸",这六人分别是李白、孔巢父、韩沔、裴政、张叔明和陶沔。

2.徂徕山:山名,又称"龙徕山""驮来山",处于泰安境内。

3.天宝:唐玄宗李隆基的年号,公元742—756年。

4.吴筠:唐代道士,与李白交往甚密,曾一起在剡中这个地方隐居。

5.待诏翰林:唐朝时,凡是文学、经学、医学等专业的人才,朝廷都会将其养于翰林院中,以待皇帝诏命应对。

6.高力士:唐代著名宦官,受到女皇帝武则天的赏识,在唐玄宗时期,地位达到顶点,深得玄宗宠信,被誉为"千古贤宦第一人"。

7.崔宗之:名成辅,唐代诗人。

8.贺知章:字季真,唐代著名诗人、书法家,人称"诗狂",其诗作《咏柳》《回乡偶书》等脍炙人口,千古传诵。

9.安禄山:唐代大臣、将领,藩镇割据势力的最初建立者,公元755年,发动内乱,建立燕国。

10.安史之乱:唐玄宗末年至唐代宗初年,唐朝将领安禄山与史思明背叛唐朝发动的战争,史称"安史之乱"。这场战争使唐朝人口大量丧失,国力锐减,是唐朝由盛而衰的转折点。

11.李璘:唐玄宗李隆基的第十六子,初封为永王。

第五十课
南能北秀

昔后魏末,有僧达摩者,本天竺(音 zhú)王子,以护国出家,入南海,得禅宗妙法,云自释迦相传,有衣钵(音 bō)为记(标识,标记),世相付授。达摩赍(怀抱着,带着,音 jī)衣钵航海而来,至梁,诣武帝。帝问以有为之事(世间的俗事),达摩不说。乃之魏,隐于嵩山少林寺,遇毒而卒。其年,魏使宋云于葱岭回,见之,门徒发(打开,开启)其墓,但(只,仅仅)有衣履而已。达摩传慧可,慧可尝断其左臂,以求其法,慧可传璨(音 càn),璨传道信,道信传弘忍。

弘忍姓周氏,黄梅人。初,弘忍与道信并住东山寺,故谓其法为东山法门(佛教用语,修行入道的门径)。神秀既师事弘忍,弘忍深器(器重,重视)异之,谓曰:"吾度人(佛教用语,用佛法解脱人的苦难)多矣,至于悬解圆照(了悟无碍),无先汝者。"

弘忍以咸亨五年卒,神秀乃往荆州,居于当阳山。则天闻其名,追赴都,肩舆(坐着轿子)上殿,亲加跪礼,敕(帝王的命令,音 chì)当阳山置度门寺以旌(表彰,音 jīng)其德。时王公已下及京都士庶,闻风争来谒(拜见,音 yè)见,望尘拜伏,日以万数。中宗即位,尤加敬异。中书舍人张说（音 yuè）尝问道,执弟子之礼,退谓人曰:"禅师身长八尺,庞眉秀耳（浓眉大耳。庞:厚实）,威德巍巍（崇高雄伟的样子）,王霸之器也。"

初,神秀同学僧慧能者,新州人也。与神秀行业（佛教用语,修行与道业。行:音 xíng）相埒（相等。埒:等同,音 liè）。弘忍卒后,慧能住韶州广果寺。韶州山中,旧多虎豹,一朝尽去,远近惊叹,咸归伏焉。神秀尝奏则天,请追慧能赴都,慧能固辞。神秀又自作书重邀之,慧能谓使者曰:"吾形貌短陋,北土见之,恐不敬吾法。又先师以吾南中有缘,亦不可违也。"竟不度岭而死。天下乃散传（分支传播）其道,谓神秀为北宗、慧能为南宗。

译 文

以前在北魏末年,有个僧人叫达摩,本来是天竺国的王子,以护国为名而出家为僧,到了中国南海郡,悟得禅宗妙法,称其法传承自佛陀,有衣钵为证,代代相传。达摩带着衣钵航海来到中国,到了梁国,拜见了梁武帝。武帝问他世间的俗事,达摩不高兴。于是到了北魏,隐居在嵩山少林寺中,后来中毒身亡。那一年,北魏使臣宋云从葱岭返回,见到达摩还活着,达摩的门徒挖开坟墓,发现墓里只有衣服和鞋子而已。达摩将衣钵传给了慧可,慧可曾经为了表示向达摩求法的决心,斩断自己的左臂,慧可传衣钵给僧璨,僧璨传给道信,道信传给弘忍。

弘忍姓周,黄梅人。起初,弘忍与道信一同前往东山寺传法,所以他们的法门叫东山法门。神秀拜弘忍为师,弘忍对他十分器重,对他说:"我用佛法教导的人很多,能达到了悟无碍的,只有你了。"

弘忍于咸亨五年圆寂,神秀于是前往荆州,住在当阳山。武则天听闻他的名声,邀请他来到京都,神秀坐着轿子进宫,武则天跪下迎接他,并下诏在当阳山建立度门寺以表彰他的功德。当时的京城,上到王公,下到百姓,听到风声都来拜见神秀,远远看到车马之尘便跪拜俯伏,每日有上万人。唐中宗即位,对神秀更加尊敬。中书舍人张说曾向神秀问道,以对待师长的礼节对待神秀,离开神秀后,他告诉人们说:"神秀禅师身高八尺,浓眉大耳,德行庄严,显得崇高雄伟,具有成就伟大事业的才干。"

起初,神秀有位同学叫慧能,新州人。慧能与神秀的修行境界相当。弘忍圆寂后,慧能居住在韶州广果寺。在韶州的深山中,过去有很多老虎和豹子,慧能一来,就全部离去了,远近的人们觉得吃惊赞叹,都佩服慧能。神秀曾经上奏武则天,请求下诏邀请慧能到京城,慧能坚定地回绝了。神秀又自己写信再次邀请,慧能对送信的使者说:"我的样貌矮小丑陋,北方人见到了,恐怕会因此对佛法失去敬畏。而且先师认为我在岭南会有机缘,不可违抗。"最终,慧能一生都没有再出过岭南。全国上下有许多分支来传播他们的教义,称神秀为北宗,慧能为南宗。

理 解

本篇出自《旧唐书·方伎传》,精要地概括了中国禅宗的法脉传承,并着重介绍了神秀与慧能这两位重要的唐代禅师。

佛教产生于公元前 5 世纪的古印度,时间大约与孔子同时。汉代时,佛教传入中国,在与中国本土文化相互融合的过程中,逐渐形成了具有中国特色的佛教,即中国佛教。到了唐代,中国佛教的发展达到顶峰,中国自身的佛教流派,诸如天台宗、三论宗、唯识宗、律宗、华严宗、密宗、禅宗等发展成熟,规模盛大。唐代禅宗在慧能与神秀及其弟子的推动之下,获得蓬勃发展,逐渐成为中国佛教的主流,甚至代名词,而禅宗内部也出现了南北之争,其中以慧能为代表的南宗主张顿教,以神秀为代表的北宗主张渐教。

国 学 常 识

1.后魏：即北魏，南北朝时期北朝的第一个王朝，由鲜卑族拓跋珪建立，公元386—534年。北魏时期，佛教得到了空前发展。

2.达摩：菩提达摩的略称，也叫"达磨"，意译为觉法，印度人，精通佛教，北魏时到中国传授佛法，被中国禅宗奉为始祖。

3.天竺：古代中国对印度的称呼。

4.释迦：释迦牟尼，古代印度迦毗罗卫国的释迦族人，佛教的创立者。释迦牟尼，本名叫乔达摩·悉达多，后人称他为"释迦牟尼"，意思是释迦族的圣者。

5.衣钵：禅宗法脉传承时，常以衣钵为信证。"衣"指袈裟。"钵"是和尚用的食器。

6.梁武帝：字叔达，南北朝时期梁朝的建立者，公元502—549年在位。

7.咸亨：唐高宗李治的年号，公元670—674年。

8.唐中宗：唐朝第四位皇帝李显，武则天的儿子。

9.中书舍人：官名，在中书省负责草拟诏旨。

10.张说：字道济，唐代政治家、文学家，曾任中书舍人。